Das Alter – Impulse für die bessere Hälfte

Wolfgang Blohm

Das Alter –
Impulse für die
bessere Hälfte

 Springer

Wolfgang Blohm
Struckum, Deutschland

ISBN 978-3-662-63321-2   ISBN 978-3-662-63322-9   (eBook)
https://doi.org/10.1007/978-3-662-63322-9

Die Deutsche Nationalbibliothek verzeichnet diese Publikation in der Deutschen Nationalbibliografie; detaillierte bibliografische Daten sind im Internet über http://dnb.d-nb.de abrufbar.

Titelbild: Senior couple with their bicycles, Nr. 135261241 © Adobe Stock

Planung/Lektorat: Marion Kraemer
Springer ist ein Imprint der eingetragenen Gesellschaft Springer-Verlag GmbH, DE und ist ein Teil von Springer Nature.
Die Anschrift der Gesellschaft ist: Heidelberger Platz 3, 14197 Berlin, Germany

Inhaltsverzeichnis

Einleitung

Seien wir doch einmal ganz ehrlich, und ich werde es ganz sicher auch niemandem verraten: Aber fällt Ihnen zum Thema „Alter" auf Anhieb und spontan etwas wirklich Positives ein?

„Alter Cognac, alter Rotwein, alter Gouda, alter Baumbestand oder auch Altweibersommer?"

Ich gebe zu, ich mag diese Art von Humor, und außerdem spiegelt sich in Ihrer Antwort Ihr Wissen um die Vielfalt der Bedeutung des Wortes „Alter" wieder.

Und die Perspektiven haben sich in den letzten Jahren ja auch merklich verschoben, sodass Menschen ab dem 50. Lebensjahr nicht mehr ohne Verzug einem Seniorenheim zugeordnet werden. Dennoch tauchen in unserem Kulturkreis in den meisten Köpfen doch sehr defizitäre Bilder auf, oder?

Zuallererst scheiden ja Menschen ab einem gewissen Alter, wenn sie eben alt sind, aus dem Arbeitsprozess aus. Sie verlieren also damit einen sehr zentralen Teil ihres

© Der/die Autor(en), exklusiv lizenziert durch Springer-Verlag GmbH, DE, ein Teil von Springer Nature 2021
W. Blohm, *Das Alter – Impulse für die bessere Hälfte*,
https://doi.org/10.1007/978-3-662-63322-9_1

Lebens, der Sinn gab, den Tag ausfüllte und eine soziale Stellung in der Gemeinschaft sicherte mit dem damit verbundenen Ansehen. Defizit!

Bei dieser Veränderung wird dem älteren Menschen vielleicht besonders deutlich klar und bewusst, was sich seit längerer Zeit bereits vollzogen hat: Das Haar ist schütter oder grau, die Figur hat sich verändert, das Gesicht zeigt mit seinen Falten deutliche Male gelebten Lebens, und der Gang ist nur noch selten federnd frisch. Defizit!

Leistungsfähigkeit und Gesundheit geraten immer häufiger in den Fokus der Aufmerksamkeit, manches wird mühsamer, manches ist eingeschränkt, und nicht selten stehen Arztbesuche auf dem wöchentlichen Programm. Defizit!

Krass wird die Altersperspektive, wenn man sich einmal bei den allgegenwärtigen Medien und in der Werbung umschaut. Dort sind wirklich alle Menschen strahlend jung, makellos schön, absolut schlank, obwohl sie ständig etwas Wunderbares essen; sie sind stets bei allerbester Laune und ihre Gesundheit ist natürlich niemals gefährdet! Defizit!

Und der Grad der Beachtung durch andere Menschen nimmt beständig ab! Pfiffen einem in jungen Jahren ob des äußeren Erscheinungsbildes immer einmal Frauen oder Männer hinterher, so wird man nun kaum noch wahrgenommen, an der Supermarktkasse weggedrängelt oder anderswo einfach respektlos beiseite geschoben! Defizit!

Und die Sexualität? Da packt einen ja fast das kalte Grauen bei dem Gedanken, dass es Menschen mit über 50 Lebensjahren wohl immer noch miteinander treiben. Liebe, Zärtlichkeit und Sex werden von lustvollem Erleben in den Tabubereich geschoben, in die Schmuddelecke. Defizit!

Gibt es denn überhaupt etwas Positives über das Alter zu berichten?

Na ja, Zeit gibt es jetzt im Überfluss. Endlich kann man tun und lassen, was man möchte, ohne Vorgaben von außen, es sei denn von einem dominanten Beziehungspartner. Aber toll ist das nun wirklich auch nicht. Denn was bei 30 Tagen Urlaub im Jahr vielleicht zur Kostbarkeit geriet, ist bei unbegrenzter Verfügbarkeit und Überfluss schnell nur noch eines: Langeweile. Sogar ein Krankheitsbild gibt es mittlerweile für diesen Zustand: das Bore-out-Syndrom, das genaue Gegenstück zum bekannten Burn-out-Syndrom. Also leider wieder: Defizit!

Übersicht

Welchen Handlungsspielraum lassen denn nun dergestalt garstige Perspektiven?

1. Ich schminke mich etwas greller und hole die Klamotten der sechziger Jahre wieder aus dem Schrank.
2. Ich suche mir einen deutlich jüngeren Lebenspartner, der diese Defizite für mich ausgleichen kann in meinem Leben.
3. Dergestalt hilflos dem Schicksal ausgeliefert, ertrage ich mein Los mit Würde und Anstand – wie immer sich das darstellen kann.
4. Ich blende diese Phase einfach im Alltag aus, denn es gibt doch Alkohol, Drogen und Antidepressiva.
5. Ich entscheide mich für eine Depression und lasse mich in eine psychiatrische Anstalt einweisen.
6. Ich gehe wieder regelmäßig in die Kirche, um nachhaltig zu beten.
7. Ich suizidiere mich rechtzeitig, um all diesen Defiziten zu entgehen.
8. Ich halte es mit dem Alter wie der britische Anthropologe Ashley Montagu: „Ziel des Menschen könnte es sein, möglichst jung zu sterben – aber das so spät wie möglich".
9. Ich weiß es einfach nicht.

Was empfinden Sie bei den angebotenen Perspektiven? Welche der Möglichkeiten möchten Sie wählen?

Ich sympathisiere durchaus mit der einen oder anderen, aber mein Favorit ist mit großem Abstand Perspektive Nummer acht.

Möchten Sie sich für die alternativen Möglichkeiten von eins bis vier entscheiden, wäre es wahrscheinlich sinnvoll, das vorliegende Buch an dieser Stelle aus der Hand zu legen oder es eben erst gar nicht zu erwerben.

Sie wählen auch die Nummer acht? Dann lade ich Sie sehr herzlich und mit aller Empathie zu gemeinsamen Erlebnissen ein, die wir im Verlaufe der Lektüre miteinander teilen können.

Nach all den aufgezählten Defiziten lade ich Sie zu neuen Perspektiven und Erlebnissen ein oder gar zum einen oder anderen Abenteuer??

Genau das ist mein Anliegen und wird mir ein Vergnügen sein. Denn Sie glauben gar nicht, welche Vielzahl von Missverständnissen, Irrtümern und Mythen sich hinter diesen vermeintlich defizitären Veränderungen im Alter verbergen!

Macht Sie das ein wenig neugierig?

Dabei werden wir Veränderungen, die in jeder Lebensphase zu finden sind, natürlich nicht infrage stellen. Und auch Verluste werden nicht zu Gewinnen umgedeutet werden können. Denn all das würde ja auch nicht den geringsten Sinn ergeben.

Aber würde es Ihnen Spaß machen, einmal all jene Irrtümer über das Alter zu entrümpeln, die vor allem von jüngeren Menschen immer wieder ins Spiel gebracht werden, um eigene Defizite zu verbergen?

Hätten Sie Freude daran, die neuen Freiräume tatsächlich intensiv zu nutzen, ohne sich ständig an völlig veralteten Maßstäben zu orientieren?

Wäre es bekömmlich für Sie, sich und der Welt zu zeigen, dass Lebenserfahrung, Lösungskompetenz und eine erfolgreiche Meisterung auch großer Probleme ein Schatz sind, der sich weder mit Jugend noch mit Geld oder Gold aufwiegen lässt?

Könnte es Sie begeistern zu erfahren, dass zwar jede Lebensphase ihre eigenen Gesetze hat, dass aber auch „Alter" nur ein Wort ist, das Sie selbst mit Inhalt füllen können?

Würde es sich ganz wunderbar in ihrem Leben auswirken, wenn Sie endlich einmal damit aufhören könnten, sich ständig mit Menschen anderen Lebensalters zu vergleichen und stattdessen völlig neue Perspektiven zu entdecken?

Wären Sie wirklich bereit für die Revolution: Alt ist nicht jung, und das ist auch verdammt gut so?

Dann folgen Sie mir doch einfach!

Verwaschene Unklarheit: Alter, was ist das?

Fast ist es mir ein wenig peinlich, weil es sich so plakativ, irgendwie so wenig präzise, ein wenig abgedroschen und so beliebig liest. Aber wie wir am Ende dieses Kapitels vielleicht gemeinsam entdecken werden, ist es wahrscheinlich die klarste verbindliche Aussage, die man überhaupt beim Bemühen um eine Definition von „Alter" finden kann:

Man ist so alt, wie man sich fühlt.

Aber ist das wirklich so?

Und da möchte ich dem ersten Einwand auch sogleich begegnen, der gemeinhin lautet: Das hört man immer erst von Menschen in einem hohen Lebensalter.

Das stimmt tatsächlich und hat auch einen sehr triftigen Grund. Denn wer wollte es denn sonst gefühlt beurteilen können, wenn nicht ein vom „Alter" Betroffener? Ein junger Mensch kann doch eine solche Aussage mangels Masse gar nicht treffen, ihm fehlt ja

© Der/die Autor(en), exklusiv lizenziert durch Springer-Verlag GmbH, DE, ein Teil von Springer Nature 2021
W. Blohm, *Das Alter – Impulse für die bessere Hälfte*,
https://doi.org/10.1007/978-3-662-63322-9_2

die Erfahrung dafür. Sehen wir bitte diesen Mangel den jungen Menschen nach.

Und damit trennen wir uns zunächst einmal von dieser Aussage und machen uns auf die Suche nach präzisen Kriterien und Maßeinheiten zum „Alter".

Dabei gilt es zunächst eine äußere von einer inneren Identität zu unterscheiden. Denn das eigene Erleben kann ja mitunter deutlich vom äußeren Erscheinungsbild zu unterscheiden sein.

Ein Beispiel für einen solchen Unterschied hat mir vor einiger Zeit eine sehr agile und lebensfrohe Frau im Alter von 85 Jahren gegeben. Auf die Frage, was ihr denn am Alter am meisten zusetze, war die Antwort: „Das ist ganz eindeutig der Unterschied zwischen meinem eigenen Gefühl und dem Eindruck, den ich aus optischen Gründen wohl nach außen vermittle. Ich fühle mich lebendig, frisch, kreativ und sehr lebensoffen! Schaue ich aber in den Spiegel, zeigt sich dort das Bild eines faltenreichen Gesichts mit grauen Haaren und auch anderen Zeichen eines gelebten Lebens. Und genau dieses Bild ist maßgeblich dafür, wie Menschen in meiner Umgebung mich einschätzen: als alten Menschen mit allen Defiziten, die man dieser Altersgruppe – übrigens oft sehr zu Unrecht – zuordnet. Ich werde also häufig als alte, unbewegliche, hilfsbedürftige und unselbstständige Greisin behandelt. Dabei kann ich sehr viel sein – aber einem solchen Bild entspreche ich wirklich nicht in geringster Weise. Diese Diskrepanz setzt mir schon mitunter zu und macht mich dann auch wütend."

Schauen wir uns also einmal gemeinsam um, welche externen Kriterien denn so zu finden sind, wenn es um das „Alter" geht.

Hilflose Erklärungsversuche

Als sehr zuverlässiges Zeichen für das Alter gilt den meisten Menschen der Rentnerstatus. Man nennt das dann eben Rente oder Pension oder „Ruhegeld wegen Alters". Im Durchschnitt wird der Eintritt in diese Bevölkerungsgruppe mit etwa 65 Jahren vollzogen. Dabei soll nicht übersehen werden, dass es auch nicht wenige „Frührentner" gibt, die eben schon weitaus eher aus unterschiedlichen Gründen in diesen sozialen Status gleiten. Dann wäre nach diesem Maßstab also auch schon ein 42-jähriger Frührentner alt, oder?

Entstanden ist diese Arbeitsaltersgrenze in einer Zeit, in der die Arbeitsbedingungen auch kaum eine längere Arbeitszeit erlaubten, weil in der Folge zahlreiche körperliche Gebrechen auftraten.

Gehen wir noch etwas weiter zurück, etwa ins Mittelalter, und bedenken, dass damals bereits 50-Jährige als zahnlose Dorfälteste allerorten bestaunt wurden, so zeigt sich diese Verschiebung noch deutlicher. Denn die heute 70-Jährigen stehen sehr oft mitten im Leben, im Unternehmen, in der Familie und in sich selbst. Nicht umsonst liest man zunehmend, dass 70 das neue 50 sei.

Und schaut man sich einmal an, wie diese Altersgruppe im Wohnmobil durch Europa kurvt oder wie sie im Internet selbst bei Facebook zu finden ist, gerät die Annahme, mit dem Eintritt ins Rentenalter sei man alt, eher zu einer Farce.

Der Renteneintritt als Kriterium für „Alter" ist aus dieser Sicht des heutigen Lebensstatus absolut nicht mehr haltbar. Außerdem verbringen in unseren Breiten Menschen aus dieser Gruppe noch einmal mehr Zeit im Rentenalter zu als in Kindheit und Jugend zusammen. Die erwartete Lebensbegrenzung, die nach dem Alter zu erwarten wäre, findet also so nicht mehr statt.

Verharren wir noch kurz beim Begriff Lebensalter, denn „Alter" impliziert ja schon eine sehr begrenzte Lebenserwartung. Ist man unter einem solchen Aspekt denn nun alt, wenn noch etwa 25 Jahre bis zum Grabe abzuwarten sind? Denn die durchschnittliche Lebenserwartung liegt gemäß aktuellen Zahlen tatsächlich im Bereich von etwa 85 Lebensjahren. Der Tod muss also warten.

Ein weiteres Kriterium, das dem „Alter" zugeordnet wird, ist die Gesundheit. Und es ist keine Frage, dass die Sprechzimmer der Ärzte anteilig mehr von Menschen jenseits der 60 Lebensjahre frequentiert werden. Krankheiten machen zwar zunehmend auch vor jungen Menschen keinen Halt, aber dies geschieht eben doch deutlich seltener.

Ist dieser Umstand aber wirklich dem Alter geschuldet? Es gibt sehr umfangreiche Forschungsarbeiten auf diesem Gebiet. Und ihre Aussagen sind im Ergebnis weitgehend identisch:

Ein überwiegender Anteil der Erkrankungen ist keinesfalls dem Lebensalter geschuldet, sondern vielmehr all den Jahren davor. So wurden Stressoren gefühlt, aber nicht beachtet. Übergewicht hatte keine Konsequenzen. Bluthochdruck führte nicht zu einer veränderten Lebensweise. Das Sitzen vor dem Fernseher wurde nicht durch Bewegung kompensiert. Alkohol und Nikotin wurden nicht als Gifte wahrgenommen, sondern als Mittel zum Genuss und zur Entspannung.

Eine solche Vernachlässigung von schädlichen Einflüssen auf den Körper und die Gesundheit zeigt mit den Jahren dann selbstredend auch Konsequenzen, oder? Aber tut man denn dem „Alter" nicht wirklich bitter Unrecht, wollte man ihm die Verantwortung für eine solche Entwicklung übertragen?

Halten wir also fest: Grundsätzlich ist die These, man sei im Alter krank, man sei nicht leistungsfähig und seinen Krankheiten hilflos ausgeliefert, weil man nun einmal alt sei, nicht wirklich haltbar.

Und es gibt mittlerweile auch in den Medien zahlreiche Beispiele, die eine körperliche Leistungsfähigkeit mit sehr guter Gesundheit bis in ein hohes Alter demonstrieren vom Marathonlauf bis zu Schwimmrekorden oder Bergbesteigungsunternehmungen.

Was aber noch viel wichtiger ist: Auch im Alltag begegnet man zunehmend betagten Menschen bei sehr guter Gesundheit und ebensolcher Lebensqualität. Im Alter selbst kann auch das also nicht begründet sein, das wäre wohl doch sehr zu kurz gedacht.

Ihnen leuchtet langsam ein, weshalb der Titel über diesem Kapitel „Verwaschene Unklarheit – Alter, was ist das" lauten muss?

Übersicht

Dann gibt es da noch diese Einteilung der Weltgesundheitsbehörde, der WHO, die eine Einteilung „Alter" allein nach Zahlenkriterien vorgenommen hat. Dort liest man nicht ohne Erstaunen:

1.. 60–65 Jahre ist der „Übergang ins Alter"
2. 60–74 sind „junge Alte"
3. 75–89 sind „Betagte und Hochbetagte"
4. 80–99 „Höchstbetagte"
5. 100 und älter „Langlebige"

Ich finde, das ist eine interessante Aufteilung, die dort nach der Vorstellung irgendwelcher Menschen vorgenommen wurde: Zum einen ist sie ohne jeden Bezug zum Lebenskontext, zum anderen ist sie völlig aussageleer. Denn was ist die Konsequenz, wenn man sich der einen oder anderen Gruppe zugeordnet findet? Keine, ganz richtig.

So überlasse ich es gerne Ihnen, ob und wo Sie sich dort einreihen wollen, aber unserem Erklärungsversuch, was „Alter" wirklich ausmacht, kommen wir auf diesem Weg einer beliebigen Willkürlichkeit keinen Schritt weiter, oder? Denn wieso beginnt der Übergang ins „Alter" nicht schon bei 50 Lebensjahren oder erst bei 80?

Biologische Erklärungsversuche

Kehren wir noch einmal zum Anfang unserer Betrachtungen zurück, den körperlichen Veränderungen. Denn diese Veränderungen des Äußeren sind ja lebenslang an jedem einzelnen Tag zu beobachten. Sie unterliegen zahllosen Einflüssen wie der Ernährung, der Schlafdauer, dem Alkoholkonsum oder dem Ausmaß der Bewegung.

Es beginnt im Säuglingsalter mit faltenloser und wunderbar zarter, wohlduftender Haut. Mit zunehmendem Lebensalter verändert sich für das Kind und wird zum Jugendlichen, es finden eine Menge Veränderungen statt wie Längenwachstum, Muskelbildung, die Ausbildung von Geschlechtsmerkmalen. Ist deshalb jede neue Lebensphase nun wirklich als „alt" zu bezeichnen? Denn so jung wie als Säugling ist ein Mensch ja nur sehr kurz. Oder sind alle Prozesse bis zur Ausbildung eines vollständigen Erwachsenen mit allen spezifischen Merkmalen nur eine Entwicklung, die man dem Begriff „Alter" nicht zuordnen kann?

Denn damit ist der stete Zyklus von Veränderungen ja keineswegs beendet, vielmehr setzt er sich ohne jede Pause fort – stetig nennt man so etwas wohl: Der Mensch ist ohne jede Pause in steter Veränderung.

Und wann beginnt nun genau das „Alter"? Bei den ersten Falten im Gesicht? Beim ersten Bauchansatz? Beim ersten grauen Haar? Bei der Abnahme der Muskelmasse? Diese Reihe der Veränderungen ließe sich beliebig erweitern. Nur – wo ist die Grenze zum „Alter", wann und womit gerät man in einen solch ungeliebten Status?

Ich weiß nicht, wie es Ihnen damit gehen mag, aber mich bringen diese Erklärungsversuche zum Thema „Was ist das denn nun eigentlich, das Alter?" nicht wirklich weiter, sondern sorgen eher für Verwirrung.

Vielleicht kommen wir ja einen Schritt weiter in Richtung Klarheit, wenn wir uns von der rein äußerlichen Ansicht des Körpers trennen und stattdessen einmal die inneren Organe und Zellen betrachten. Zahlreiche Untersuchungen auf wissenschaftlicher Basis stehen uns da ja zur Verfügung.

Die Ergebnisse machen allerdings nicht wirklich froh. Denn bereits ab dem 20. Lebensjahr zeigen sich deutliche Zeichen einer verminderten oder zumindest eingeschränkten Körperfunktion: Die Zahl der Lungenbläschen nimmt ab, was in der Folge die lebensnotwendige Sauerstoffaufnahme verringert. Die Blutgefäße bieten bereits deutliche Zeichen von Veränderungen wie Kalkeinlagerungen oder Verhärtungen durch Fetteinlagerungen. Die Haut verliert an Spannkraft, und erste kleine Lachfalten bilden sich aus. Bereits ab dem 30. Lebensjahr wird die Hörfähigkeit nach und nach – wenngleich zunächst noch fast unbemerkt – schlechter, auch das Nahsehen und Scharfstellen mit der Augenlinse wird deutlich anstrengender. Bei dunkelhaarigen Menschen finden sich durch verminderte Melaninproduktion schon vor dem 40. Lebensjahr vereinzelt oder deutlich graue Haare. Und dann geht es sozusagen Schlag auf Schlag bei den Veränderungen mit dem Charakter „Alter": Hormone verändern sich, die Potenz sinkt,

Frauen kommen in die Wechseljahre, die Knochendichte nimmt ab, die Muskelmasse verliert beständig an Kraft und Volumen, und spätestens mit 50 steigt der Blutdruck deutlich an.

Die Schlussfolgerung kann in diesem Sinne doch nur lauten: Ab 20 geht es per Alterungsprozess bergab, und mit 50 Jahren ist man uralt und organisch eigentlich schon fast verblichen!!!

Ja, und wieso ist man denn dann erst ab 65 Jahren „alt" oder ab 70 oder überhaupt? Was macht denn nun das „Alter" wirklich aus, wie erkennt man es, woran orientiert man sich, und welche Konsequenzen hat das dann alles?

Das sind Fragen über Fragen, die mit den bekannten und ständig benutzen Maßstäben und Kriterien auch nicht ansatzweise zu beantworten sind. Oder sehen Sie das anders? Dabei haben wir uns doch wirklich gemeinsam Mühe gegeben, die gängigen Zeichen von Alter aus externer Sicht in unsere kleine Forschungsreise einzubeziehen. Aber statt belastbarer Ergebnisse stellen sich offenbar nur neue Fragen.

Gängige Parameter liefern daher leider keine Antwort. Und auch die Wissenschaft verwickelt sich dabei in Widersprüche.

Schauen wir also einmal, ob nach den externen nun die internen Perspektiven weiterhelfen können. Dabei geht es darum, wann und wie sich Menschen als im „Alter" erleben und wahrnehmen.

Emotionale Erklärungsversuche

Es gibt natürlich bestimmte Gefühle, die dem Begriff „Alter" zugeordnet werden. Dazu gehört das Gefühl, einsam zu sein, matt und antriebslos den Alltag zu erleben, nur sehr wenig belastbar zu sein, sehr schnell zu ermüden, kein Interesse für irgendetwas zu entwickeln, nichts mehr wert zu sein, unbeachtet von den Mitmenschen zu sein, sich respektlos behandelt zu fühlen, ein sinnloses Leben zu führen, anderen zur Last zu fallen, keine Zukunft zu haben, lebensmüde zu sein, enttäuscht und verbittert zu sein oder das eigene Leben nur noch zu erdulden.

Wenn man das so liest, dann steht ja wahrlich der Sargdeckel gleichsam schon weit offen und Gevatter Tod winkt bereits freundlich zu einem sehr persönlichen Rendezvous, oder?

Da stimme ich Ihnen wirklich zu. Denn wer möchte denn ein Leben führen, das nur noch aus solchen Gefühlsinhalten besteht?

Schon aus geringer Distanz sieht das allerdings ein wenig anders aus. Denn eigentlich ist nur eines passiert: Man ist sehr wahrscheinlich all den Vorurteilen und Missverständnissen, die in unserem Umfeld grassieren, auf den Leim gegangen!!

Solche Gefühle werden sich mit hoher Gewissheit in der einen oder anderen Form ganz sicher finden, das ist wohl so. Aber schauen Sie doch ruhig einmal genauer hin und wagen einen Blick auf die raue Wirklichkeit des Lebens, ohne die Brille der virtuellen Verzerrung aufzusetzen, die Facebook Selfies von lachenden Menschen macht und in der immerwährende Gesundheit unter strahlender Sonne vorgegaukelt wird.

Denn die reale Welt sieht doch gänzlich anders aus. Da gibt es Antriebslosigkeit, fehlende Belastbarkeit, das Fehlen jeder Perspektive und verlorenen Lebensmut. Und das nennt der Arzt dann Depression. Dieses Erleben hat zum Alter keinesfalls einen festen Bezug, vom Kindesalter an durchziehen Depressionen das komplette menschliche Erleben in jeder Altersphase. Auch ältere Menschen sind mit davon betroffen, Ausnahmen gibt es in den Altersgruppen nicht.

In der realen Welt findet sich das Gefühl von Sinn-
losigkeit, Wertlosigkeit, Versagen, Überlastung, Stressan-
fälligkeit, und all das ohne guten Schlaf. Das nennt man
dann Burn-out-Syndrom oder Anpassungsstörung. Aber
allein dem Alter zuzuordnen sind diese menschlichen
Erlebensbilder nun auch nicht, denn diese Gefühle finden
sich in allen Altersgruppen und bei älteren Mitbürgern
nach dem Arbeitsprozess eher seltener.

Und so, wie es im „Mittelalter" bevorzugt das Burn-
out-Syndrom als Krankheitsbild gibt, hat sich bei älteren
Menschen als Krankheitsbild das Bore-out-Syndrom entwickelt. Das ist das genaue Gegenstück zur Überlastung, es ist Langeweile durch Unterforderung. Dieses
Beschwerdebild nimmt ständig zu bei jener Altersgruppe,
die keiner festen Tätigkeit mehr nachgehen muss.

Eine Freundin hat mir einmal geschrieben,
dass dies auch nicht ungewöhnlich sei, denn ein Zirkus-
pferd gehöre nun einmal in die Manege und nicht auf die
Wiese. Das ist zwar ein wenig drastisch ausgedrückt, trifft
den Kern aber sehr präzise.

Werfen wir nun noch einmal einen Blick auf die
anfangs beschriebenen Gefühle, die sehr unkritisch oft
dem „Alter" zugeordnet werden, und lassen wir dann einmal die beschriebenen Krankheitsbilder beiseite, dann
wird aus dem konfusen Altersnebel eine recht klare Sicht:

Alle beschriebenen und vermeintlich altersbedingten
Gefühle oder Seinszustände sind vor allem eines: Aus-
drücke normalen menschlichen Erlebens, wie sie in jeder
Phase unseres Lebens zu finden sind. Genau diese Gefühle
bilden die gesamte Bandbreite menschlichen Erlebens
ab und stehen für Lebendigkeit und nicht für ein fort-
geschrittenes Alter.

Wer immer die Kopplung der geschilderten Gefühle
mit dem Wort „Alter" dereinst vollzogen hat, unterlag
einem grandiosen Irrtum. Menschliche Lebensführung

öffnet immer eine unbegrenzte Zahl an angenehmen und unangenehmen Erlebnisformen. Das hat allerdings nur sehr wenig mit dem Alter zu tun, sondern vielmehr mit dem Stil und der Form, im Rahmen derer man sein Leben führt.

Und deshalb wird jeder von uns, egal welchen Alters, auch solchen Gefühlen an manchen Tagen immer wieder begegnen. Ausnahmen gibt es da nicht, auch nicht für die ganz jungen Leute ohne Lebenserfahrung.

Verwaschene Unklarheit. (© Claudia Styrsky 2021)

Erklärungsversuche im Spiegel der Umwelt

Leider sind wir somit ein weiteres Mal bei dem Versuch gescheitert, dem „Alter" spezifisch zugeordnete Elemente zu entdecken, die Licht in das Dunkel der Anfangsfrage bringen: Alter, was ist das?

Sie meinen, aber es gäbe aber doch dem Alter entsprechende Gefühle?

Ja, die gibt es natürlich.

Wenn Sie zum Beispiel in der Eisenbahn gesund und munter einen Stehplatz haben und sich dort sehr wohl fühlen, und wenn ihnen dann ein junger Mensch freundlich einen Sitzplatz anträgt, DANN fühlt man sich alt.

Wenn Ihnen beim Bäcker jemand anbietet, die Einkaufstasche zu tragen, die ihnen sehr leicht erscheint, DANN fühlt man sich alt.

Wenn Ihnen jemand im Fahrstuhl, den sie schon bedient haben, bevor dieser Jemand geboren worden ist, die Knöpfe zu erklären beginnt, DANN fühlen Sie sich alt.

Wenn Sie an einem Fußgängerüberweg an einer Ampel stehen und ihnen ein Passant erklärt, wann es „grün" geworden ist und Sie zum Gehen ermuntert, DANN fühlt man sich alt.

Aber längst haben Sie bei diesen wenigen Beispielen entdeckt: Sie sind ein Opfer der Vorurteile ihrer Mitmenschen geworden. Denn Sie fühlen sich beweglich und aktiv und entscheidungsfreudig. Nur haben das manche Mitmenschen jüngeren Alters offenbar nicht verstanden. Wollen Sie es den lebensunerfahrenen Menschen verzeihen, dass sie diesen Fehler begangen haben, denn sie haben es ja irgendwie auch gut mit Ihnen gemeint?

Daneben werden solche Situationen wahrscheinlich doch eher selten anzutreffen sein, weil der Umgang mit einander inzwischen doch sehr viel weniger höflich und rücksichtsvoll geworden ist, also keine Angst vor öffentlichen Verkehrsmitteln!

Aber irgendetwas ist doch nun einmal anders „im Alter", das ist doch keine Frage, oder?

Natürlich stimmen wir in dieser Sache überein.

Denn jede Lebensphase ja ihre Eigenheiten und Besonderheiten.

Seltsam ist nur, dass man allen anderen menschlichen Entwicklungsphasen diese Eigenheiten zubilligt, nur dem „Alter" nicht.

Niemand wird einen Säugling behindert schimpfen, weil er nicht laufen kann.

Niemand wird einen Jugendlichen defizitär brandmarken, weil er kein Unternehmen leiten kann.

Niemand spricht einer jungen Frau Kompetenzen ab, wenn sie im Umgang mit ihrem ersten Kind noch Unsicherheiten zeigt, weil ihr die Erfahrung fehlt.

Und niemand verurteilt einen Manager, der sich in ein Burn-out Syndrom hineinmanövriert hat, der erntet eher Bewunderung.

Nur beim „Alter" ist das alles anders.

Menschen, die dieser Lebensphase zugeordnet werden, nach welchen Kriterien auch immer, werden ständig Defizite unterstellt, weil sie in welcher Form auch immer „anders" sind.

Und klaglos ohne großen Widerspruch wurde eine solche Fehleinschätzung von einer Überzahl der älteren Bevölkerung dann auch noch übernommen.

Welche Lebensphase auch immer im Vergleich herangezogen wird, immer ist das „Alter" dann im Defizit.

Wir sollten versuchen, Schritt für Schritt mit einem solchen Unsinn aufzuhören.

Sind Sie dabei, kann ich auf Sie zählen?

Erklärungsmodelle zum Alter

1. Biologische Modelle erweisen sich als wenig hilfreich, weil auf dieser Ebene der Alterungsprozess bereits im 20.Lebensjahr einsetzt.
2. Definitionen, die sich allein am Lebensalter orientieren, entbehren einer validen Grundlage und werden letztendlich beliebig festgelegt.
3. Soziale Ansätze sind inhaltlich gänzlich überholt, weil sie sich an den Gegebenheiten des 19. Jahrhunderts orientieren.
4. Medizinische Aspekte sind nicht verlässlich, weil die Zusammenhänge zu definierten Altersgruppen nicht wissenschaftlich belastbar bestehen, und Krankheiten bereits sehr viel früher in allen Altersgruppen auftauchen.

Emotionale Aspekte können keine verbindlichen Informationen liefern, weil das Empfinden von „Alter" absolut variabel ist. Allerdings haben jüngere Forschungen ergeben, dass die innere Einstellung, das eigene Erleben von „Alter", von signifikanter Bedeutung ist, wenn es um eine positive Gestaltung dieser Lebensphase geht.

Weiterführende Literatur

Julia Maria Derra, Das Streben nach Jugendlichkeit in einer alternden Gesellschaft, Nomos (2012)

M. Schosserer, B. Grubeck-Loebenstein & J. Grillari, Grundlagen der biologischen Alterung, Zeitschrift für Gerontologie und Geriatrie 48, Seite 285–294 (2015)

Realitäten

Nachdem wir uns eingangs ein wenig mit den Vorurteilen, Mutmaßungen, Irrtümern und Mysterien zum
„Alter" ausgetauscht haben, ist es vielleicht sehr wohltuend, sich einmal mit den tatsächlichen Wirklichkeiten
zu beschäftigen. Denn es gibt ja nun einmal Realitäten
zu diesem Thema, die es anzuerkennen gilt. Das mag
angenehm oder unangenehm sein, je nach Perspektive,
aber es ist nun einmal so.

Zunächst mag es auf den ersten Blick überraschen, aber
das „Alter" ist lange da in jedem Leben: Aus der Distanz
betrachtet ist das Leben ja nichts anderes als ein Fort-
setzungsroman, dessen einzelne Seiten täglich aufeinander
aufbauen. Jeden Tag wird dieser Lebensroman erweitert,
jeden Tag fügt man eine Seite hinzu.

Und in diesem Sinne geschieht „Alter" jeden Tag. Denn
Tag für Tag, Woche für Woche, Monat für Monat fügen
Sie Ihrem Lebensalter etwas hinzu. „Alter" geschieht also
keinesfalls plötzlich, überfallartig über Nacht, sondern

W. Blohm, *Das Alter – Impulse für die bessere Hälfte*,
https://doi.org/10.1007/978-3-662-63322-9_3

jeden Tag. Jeder von diesen Tagen macht in der Summe Ihr „Alter" aus. Grundsätzlich ist „Alter" völlig neutral und als ein Status der jeweiligen Lebenssituation zu verstehen.

Betrachtet man ein bestimmtes Datum, handelt es sich also immer um eine Momentaufnahme, die eine aktuelle Bilanz aller bis dahin gemachten Lebenserfahrungen, Erkenntnisse, Ereignisse – anders ausgedrückt: dem Lebensalter – vermittelt.

Es gibt also nicht DAS „Alter", sondern immer nur EIN „Alter". Und jede Momentaufnahme, jedes Datum, jedes Lebensalter ist gekennzeichnet durch die aktuellen Lebensumstände und den bis dahin zurückgelegten Lebensweg. Das gilt für das Kindesalter, das Jugendalter, das Erwachsenenalter. Es gilt für jeden Moment im Leben und ist zunächst einfach ein neutraler Wert – nicht mehr, aber auch nicht weniger. Der Begriff „Alter" ist in diesem Sinne jedem Menschen zwar nicht von Geburt an, aber doch vor dem jeweiligen Verständnishintergrund, stets vertraut.

In jeder Lebensphase sind die Schwerpunkte und Inhalte zum Teil sehr unterschiedlich:

So sind das Säuglings- und Kindesalter dem Erwerb elementarer Fähigkeiten gewidmet, die eine Lebensführung erst möglich machen, wie Bewegung, aufrechtes Gehen, Erlernen der Sprache, Aufbau erster sozialer Beziehungen.

Die jugendliche Phase vermittelt Verständnis und Kenntnis über die Welt, in der wir leben, Inhaltliches, Geschichtliches, Werte, Zusammenhänge, da ist die Liste lang.

Der Übergang in die Erwachsenenphase gestaltet sich meist fließend und auch unterschiedlich schnell und umfangreich. Inhaltlich wird eine berufliche Tätigkeit erlernt, weitere soziale Kompetenz wird erworben im Umgang mit anderen Menschen, oft wird eine Familie gegründet, die berufliche Karriere und das familiäre Aufbauprogramm stehen lange Zeit im Mittelpunkt.

Wie zu erkennen ist, gibt es dabei stets ein Ziel, das man sich setzt, und das es auf sehr unterschiedliche Weise zu erreichen gilt. Es geht im Schwerpunkt nahezu immer um Zukunftsgestaltung und selten um das Leben im Hier und Jetzt.

Dann steht das Haus, das Berufsziel ist erreicht, die Kinder wachsen heran. Und der wesentliche Schwerpunkt im Lebensalltag besteht dann meistens darin, das Erreichte zu stabilisieren und meistens sehr umfangreich zu versorgen und zu bedienen.

Es stellen sich auf diesem Weg zahlreiche Fragen im jeweiligen Zusammenhang, Probleme warten auf Lösungen, Ziele werden angepasst oder auch geändert, Sicherungsmaßnahmen werden getroffen, soweit das eben möglich ist.

Veränderungen kündigen sich deutlich an

Dann allerdings geschieht etwas sehr Drastisches: ein Perspektivenwechsel grundsätzlicher Art. Bei manchen Menschen geschieht das auf sehr leise, fast schleichende Art, bei anderen fast dramatisch.

Eine solche Änderungsphase findet sich in der Regel zwischen dem 45. und 55. Lebensjahr. Und es gibt auch einen Namen dafür: Midlife-Crisis. Dabei handelt es sich nicht eigentlich um ein Krankheitsbild. Es handelt sich vielmehr um ein Innehalten nach der langen Jagd in die Zukunft, die stets im Fokus gewesen ist. Immer galt es, etwa Bestimmtes zu erreichen oder zu verwirklichen, um ein gewisses Maß an Zufriedenheit oder Sinnerfüllung zu erreichen.

Wie einschneidend diese Übergangsphase und Neuorientierung wird, hängt zum einen sehr vom bis dahin
gelebten Leben ab. Wer bereits laufend über sein Leben
reflektierte und überprüfte, ob der eingeschlagene Weg
der stimmige und in diesem Sinne der richtige war, den
wird diese Neuorientierungsphase weniger hart treffen als
jene, die munter in den Tag hineinlebten, ohne sich groß
Gedanken darüber zu machen. Bei der letztgenannten
Gruppe finden sich in diesem kritischen Status zusätzlich
zu den fragenden Gedanken auch häufig einschneidende
äußere Ereignisse wie Krankheit, Beziehungskrisen oder
berufliche Turbulenzen.

Aber unabhängig davon, auf welche Art das jeder in
seinem Leben wahrnimmt, ist die Zielausrichtung in
dieser Phase: Überprüfung der Vergangenheit und Überprüfung des Erreichten in der Gegenwart. Für sehr viele
Menschen geht es also um eine Rückschau – eine Rückschau, die mit einer Beurteilung und Bewertung verbunden ist. Was war richtig, was war gut, was ist ganz
anders als gedacht, welche Werte habe ich verfolgt, hatten
die erreichten Ziele die versprochene Wirkung, habe ich
die mir wichtigen Dinge in meinem Leben umgesetzt?

Für die meisten Menschen zum ersten Mal geht dann
auch ein Zeitfenster auf, und die Endlichkeit des Lebens
steht in der Haustür. Dann ist es an der Zeit, Entscheidungen zu treffen und die Weichen des Lebens und
der Lebensweise neu zu stellen oder so zu belassen, wie
sie gestellt worden sind. Manchmal sind es radikale Veränderungen, die man dann vornimmt, mitunter ist
man mit mäßigen Veränderungen zufrieden, und natürlich können zuweilen auch kleine Veränderungen schon
Großes bewirken.

Vielleicht ist jetzt ein guter Zeitpunkt, um auch einmal innezuhalten und auf unsere Ausgangsfragestellung
nach dem „Alter" zurückzukommen. Unser Leben wird

ja von unüberschaubar vielen Faktoren von außen beein-
flusst. Und nicht immer ist verständlich oder nachvollzieh-
bar, wie der Alltag sich gestaltet, welche grundsätzliche
Entwicklung unser Schicksal nimmt oder warum manche
Ereignisse eintreten, die man sich nicht wirklich als „verdient" zuordnen würde. Denn leider oder auch zum
Glück handelt es sich bei diesem Leben nicht um eine
mathematische Gleichung. In der Mathematik ist eins
plus eins immer zwei. Im Leben und seinem Fluss kann
das auch ganz anders aussehen, so dass trotz sorgfältigster
Planung das Ergebnis ein eher unerwartetes sein kann.
Das ist nun einmal Wirklichkeit.

Konsequenzen gelebten Lebens

Unser Lebensweg ist sicher mit mehr Fragezeichen als
mit Antworten gekennzeichnet. Aber unsere Einfluss-
nahme und Gestaltung spielen dabei eine zentrale Rolle.
Denn von Kindesbeinen an treffen wir jeden Tag Entscheidungen, wählen aus, weisen zurück oder stimmen zu.
Und immer haben diese Entscheidungen Konsequenzen
für unseren weiteren Lebensweg. Wobei wir bereits nach-
vollziehen konnten, dass kontinuierlich jeder Tag unseres
Lebens auf dem anderen aufbaut. Alles ist immer in
Bewegung und in Verbindung.

So wird noch einmal deutlich, dass auch „Alter" in
unserem Sinne – also sozusagen „DAS Alter", die Lebensphase „älterer Menschen" – nur die kontinuierliche Fort-
setzung alles bis dahin gelebten Lebens ist und in einem
direkten Zusammenhang steht mit allen Entscheidungen,
die wir in den gelebten Jahren getroffen haben. In der
Realität ist die Basis für „Alter" das, was wir in den Jahren
davor geschaffen haben. Es ist also weder schicksalhaft auf-
erlegt noch kommt es rätselhaft aus irgendeinem Dunkel.

Einige Beispiele mögen das vielleicht anschaulich machen, was sich hier zunächst etwas theoretisch lesen mag:

Haben Sie sich lebenslang immer nur um sich selbst gekümmert und dabei wenig Wert auf Gemeinschaft mit anderen gelegt, werden Sie im Alter ziemlich einsam sein. Ob diese Haltung aus Mangel an Zeit, an anderen Interessen oder aus welchen Gründen sonst auch immer von Ihnen eingenommen wurde, ist dabei nicht von Belang. Nur wird ein solches Defizit natürlich dann besonders deutlich, wenn Zeit am Tage grenzenlos zur Verfügung steht. Es ist dann aber niemand da, mit dem man sie teilen kann. Und oft fehlen dann auch mangels Erfahrung die Fähigkeiten, neue Kontakte zu knüpfen oder zu erhalten. Eine solche Einsamkeit kann aber dann nicht wirklich dem „Alter" zugeordnet werden. Die Entwicklung fand lange vorher statt und war Ihre eigene, aktive Entscheidung.

Haben Sie die Konflikte in ihrer Partnerschaft jahrelang nicht beachtet, so kann das in späterer Zeit Konsequenzen haben, weil Ihr Partner sich dann irgendwann folgerichtig trennt. Eine solche Entwicklung zeigt sich besonders häufig, wenn die Kinder aus dem Haus gehen oder wenn nach Eintritt in das Rentenalter nun beide Partner nahezu pausenlos im selben Hause sind. Das „Alter" trägt dafür nicht die geringste Verantwortung. Sie haben in den Jahren vorher den Konflikten keine Achtsamkeit geschenkt, die Gründe dafür sind nicht mehr von Belang. Das ist dann die Realität und nicht eine Folge von „Alter".

Hat der Beruf in Ihrem Leben immer absolut im Mittelpunkt gestanden, weil Sie sich keine Zeit genommen haben, um anderen Interessen Raum zu geben, ein Hobby aufzubauen, zu lesen, zu musizieren oder Ihre freie Zeit befriedigend zu gestalten, wird sich das im „Alter" bitter rächen. Die Langweile wird sehr quälend

Einzug halten, und die wunderbare freie Zeit gerät sehr schnell zu einer schweren Last. Lebensfreude bleibt dann auf der Strecke. Und statt des erhofften goldenen Herbstes und des verdienten Ruhestandes sieht man voller Griesgram und Verbitterung jedem neuen Tag entgegen.

Hat der Zustand Ihres Körpers Sie nur selten interessiert, haben Sie Warnsignale stets missachtet oder einfach überhört, wird das in jugendlichen Jahren zunächst noch sehr wenige oder keine Konsequenzen haben. Diese Haltung über lange Zeit hat aber natürlich Konsequenzen. Wer sich wenig bewegt, wird ungelenkig und die Gelenke nehmen Schaden. Wer zusätzlich Alkohol, Nikotin oder andere Genussgifte in seinen Körper pumpt, kann sich in späteren Jahren über eine geschädigte Lunge, eine Fettleber oder ein verkalktes Herz oder ein eingeschränktes Kreislaufsystem nicht wirklich wundern. Im „Alter" werden diese Konsequenzen deutlich spürbar sein. Aber ist das „Alter" Schuld an dem dann kranken Zustand? Natürlich werden die Wurzeln im gelebten Leben und nicht in dieser späteren Lebensphase zu finden sein.

Haben Sie Verantwortung schon immer gerne delegiert? Wenn die Gelenke schmerzen, geht man halt zum Arzt oder in die Apotheke und holt sich dort Tabletten, die oberflächlich die Beschwerden lindern. Dabei wäre es doch möglich, ein wenig abzunehmen und auch hin und wieder sportlich eine Zeit in der Natur zu verbringen.

Wenn die Seele schon längere Zeit Unwohlsein, Depression oder Müdigkeit vermeldet, geht man zu einem Facharzt für dieses Gebiet. Dort lässt man sich dann wieder umfangreich Arzneien verordnen, die alle Probleme lösen sollen. Noch niemals hat ein Antidepressivum die Hintergrundprobleme einer Depression gelöst. Schon hat man sein Problem vom Hals, denkt man sich dennoch.

Allerdings zeigt sich dann nach einiger Zeit, wie begrenzt die Wirksamkeit von Arzneien ist und wie wenig sie doch wirklich ändern. Da liegt es nahe, zu einem weiteren Arzt zu gehen, der wieder neue Probleme lösen soll. Das ist dann eine Kette ohne Ende. Und irgendwann wundert man sich, dass zu jeder Mahlzeit zahlreiche Tabletten aus der praktischen Aufbewahrungsbox zur täglichen Nahrungsration gehören. Besonders oft ist das bei älteren Menschen der Fall. Und wieder muss das „Alter" herhalten. Das Unschuldslamm wird ein weiteres Mal zu einem Prügelknaben.

Haben Sie sich beim Sex schon sehr lange nicht mehr um Ihren Partner gekümmert, sondern sich lieber pornografischen Darstellungen gewidmet und die schnelle Lust geliebt? Jeder weiß, dass gerade dieses eigentlich zentrale Gebiet menschlichen Erlebens im Laufe jeder Beziehung sehr vielen Einflüssen und Schwankungen unterworfen ist. Das ist alles keine Frage. Aber Achtsamkeit im Umgang miteinander, Wertschätzung und der Austausch über Wünsche und Bedürfnisse können manche Durststrecke zu überwinden helfen. Das wird nicht immer fruchten können, aber mitunter ist man erstaunt, wie oft dann eben doch Zärtlichkeit und Lust wieder im Leben Einzug halten können. Eines ist indes sicher: Wer sich überhaupt nicht kümmert, wird all das im Alter dann ganz sicher missen müssen. Auch hier ist das Alter ohne Schuld. Denn selbst wenn es mit der Potenz nicht mehr so klappt, sind doch zärtliche Berührungen und liebevoller Austausch zu jeder Zeit und immer möglich. Das „Alter" jedenfalls setzt dort keine Grenzen. Zumal es ja inzwischen für den Mann diese kleinen blauen Pillen und für die Frauen hormonelle Unterstützung aus der Apotheke gibt, falls es denn eine solche Unterstützung braucht.

Jeder kann diese Auflistung aus der eigenen Erfahrung sicher noch mühelos erweitern.

Aber Klarheit herrscht wohl auch schon jetzt: Der wesentliche Teil all jener Defizite, Schäden oder Leiden, die dem Alter zugeordnet worden sind und werden, haben ihre Wurzeln in deutlich früheren Lebensphasen. Das Alter trägt hier kaum den größten Teil der Schuld.

Und ich weiß nicht, wie Sie nach dem Lesen dieses Kapitels Stellung beziehen möchten, aber ich habe das dringende Bedürfnis, einmal um Entschuldigung zu bitten.

Es gibt in meinem Umfeld kaum jemanden oder etwas, das so intensiv und vehement diffamiert, missachtet, niedergemacht und arrogant verleumdet wird, wie es „Alter" gnadenlos zu jeder Zeit und fast allerorten pausenlos in der Gesellschaft widerfährt.

Das „Alter" bietet wunderbare Möglichkeiten, kaum einer nimmt sie auch nur zur Kenntnis. Das „Alter" gewährt Freiräume für ein lebenswertes Leben, wird aber nur verachtet. Dabei müsste das „Alter" dasjenige sein, das sich beschwert und ständig um sich schlägt. Denn das „Alter" muss zu sehr großen Teilen all das ausbaden, erleiden und erdulden, was in den so viel gelobten jungen Jahren verursacht und versäumt worden ist.

Aber haben Sie das „Alter" jemals auch nur leise klagen gehört? Ich habe es jedenfalls nicht.

Das „Alter" kann Belohnung sein für viele Jahre Arbeit. Es kann den Rahmen bieten, um so lange versäumte Wünsche und Bedürfnisse endlich zu leben. Das „Alter" kann neue Horizonte weiten und Neugierde auf das Leben dort verbreiten, wo Menschen offen dafür sind.

Bei all den Angeboten, die das „Alter" bereithalten kann, gilt es natürlich, wie in jeder anderen Lebensphase auch, das eine oder andere zu beachten. Denn ein Säugling kann nicht Radfahren, und das ist auch gut so. Und in diesem Sinne sollte man Möglichkeiten ebenso beachten wie es Grenzen einzuhalten gilt – was ja für jede Lebensphase von Bedeutung ist.

Also, liebes „Alter": An dieser Stelle entschuldige ich mich aufrichtig für all das Unrecht, die Kränkungen, die Missachtung, die Verleumdung und auch für das Leid, das dir aus Unkenntnis, Arroganz, Böswilligkeit oder aus welchem Grund auch immer so lange widerfahren sind. Das alles hast du nicht verdient.

Und ich jedenfalls gelobe aus ganzem Herzen Besserung, um dieses Unrecht zu beenden.

Übersicht

Das „Alter" bricht nicht einfach über uns herein. Es ist die Konsequenz aller vorher gelebten Jahre, aller Entscheidungen, die getroffen worden sind. Jedes Jahr baut auf dem vorherigen auf:

- Versäumnisse in der gesunden Lebensführung,
- Gestaltung der Partnerschaft,
- beruflicher Werdegang,
- soziale Kompetenz und Gestaltung,
- sexuelles Leben und Erleben

sind dabei von bestimmender Bedeutung für das Erscheinungsbild vom „Alter".

Besonderheiten

Nachdem wir nun bereits einige Informationen zum „Alter" miteinander teilen konnten, ist es an der Zeit, auch einmal die besonderen Anforderungen dieser Lebensphase kennenzulernen.

Von Bedeutung scheint mir dabei, zunächst eine Eingrenzung vorzunehmen. Da weder die Natur noch gängige Maßstäbe eine wirklich begründbar verbindliche Lebensphase „Alter" herleiten lassen und auch die Medizin nicht wirklich weiterhelfen kann, sollten wir einfach eine Übereinkunft treffen. Wären Sie damit einverstanden, die Grenze zum Beginn von „Alter" bei 55 Lebensjahren festzulegen?

Das ist ja insofern jedenfalls herzuleiten, als die alleinige Zukunftsperspektive ihre Gültigkeit verliert. Denn nach der Hatz auf zu erreichende Ziele in der Vorschau tritt ja die Übergangsphase in Aktion mit der Rückschau und Bewertung. Zum anderen finden biologische Veränderungen statt, die spürbare Konsequenzen haben. Wie in der Jugend auch, wenn Knochen länger wachsen oder wie in der Pubertät Geschlechtsmerkmale deutlich werden, Veränderungen eben. So beginnen bei vielen Frauen in dieser Zeit die sogenannten Wechseljahre, also eine sehr tiefgreifende hormonelle Umstellung, die auf vielen Ebenen zu bemerken ist. Auch bei Männern stellt sich hormonell so manches um, auch wenn das meistens nur am Nachlassen der Potenz deutlich zu spüren ist und durch leichte depressive Elemente.

Unser „Alter" beginnt nun also bei 55 Lebensjahren. Und natürlich liegt auch dieser Annahme – ebenso wie allen anderen Herleitungen – eine gewisse Willkürlichkeit zugrunde.

Wir konnten ja bereits schlagwortartig auf einige der Möglichkeiten schauen, die das „Alter" so bereithalten kann. Jedoch dabei zu verharren, träfe die Wirklichkeit ebenso wenig wie die Werbung in den Medien. Dort sieht man auch nur hyperaktive, strahlende, reiche, sportliche und überaus optimistische „best agers" aus der Altersgruppe über 55.

Denn diese Altersphase stellt die Zugehörigen sehr wohl auch vor einige Herausforderungen, die bewältigt werden wollen. Ein bekannter Schauspieler schrieb dazu einmal: „Altwerden ist nichts für Feiglinge". Jedes Lebensalter fordert zwar einen gewissen Mut. Aber die

Gruppe der Menschen ab 55 hat auch schon umfangreiche Erfahrungen darüber sammeln können, was im Leben alles oder auch gerade nicht möglich ist, egal welche Anstrengungen man dafür unternimmt. Und diesen Menschen ist auch der Begriff der Angst meistens kein wirkliches Fremdwort mehr.

Auf der anderen Seite sind ja Fragen da, um eine Antwort darauf zu finden, und Probleme warten auf Lösungen. Und wer wäre dazu besser in der Lage als Menschen mit einer großen Lebenserfahrung, zahlreichen Lösungskonzepten und einem klaren Blick für das, was möglich ist? Man nennt das ja auch irgendwie dann Leben und Lebendigkeit. Ruhe gibt es im Grab wahrscheinlich noch genug.

Grundsätzlich wird man entdecken können, dass die Lebensphase „Alter" auf der einen Seite deutlich mehr Freiraum und Ruhe bereithalten kann, dass auf der anderen Seite aber auch deutlich mehr Einsatz und Mühe gefordert sind in Bereichen, die dereinst ganz selbstverständlich zur Verfügung standen. Weicht man von diesen „Forderungen" für längere Zeit einmal ab, dann gibt der Köper oft und unmissverständlich Zeichen, dass sein Besitzer seine Haltung besser korrigieren möge, um Ungemach wie Schmerzen, Unbeweglichkeit oder andere Symptome zu vermeiden.

Wie oben beschrieben, wird auch auf der körperlichen Ebene auf frühere Entscheidungen aufgebaut. Wer gewohnt ist, Sport zu treiben, wird das weiterhin tun auf der Basis einer bereits erworbenen oder erhaltenen Beweglichkeit und Kraft.

Unübersehbar aber ist, dass der Erhalt dieser Eigenschaften oder Fähigkeiten nicht mehr automatisch geschieht. Vielmehr gilt deutlich spürbar das Gesetz von Ursache und Wirkung: Wer Kraft und Ausdauer will, muss Zeit und Training investieren. Sonst findet sich nach überschaubar kurzer Zeit dort Bindegewebe und Fett, wo einstmals Muskeln zu ertasten waren.

Und die Optik ist dabei nur die eine Sache. Denn Beweglichkeit, Belastbarkeit, Ausdauer, ein elastischer Gang oder Treppensteigen ohne Luftnot stehen im direkten Zusammenhang zu körperlicher Fitness, die mehrfach pro Woche Einsatz und Zeit erfordert. Belohnt wird man dafür dann aber auch durch einen normal und nicht eingeschränkt belastbaren Körper, der nicht das Merkmal „Alter" mit sich führt. Ausdauer und Kraft sind – fast ist das inzwischen ja eine Binsenweisheit – unbegrenzt bis in jede Altersphase möglich.

Darum trifft man allerorten ebenso auf matte 55-Jährige mit einem müden Gang und ungelenken Bewegungen wie auf topfitte, lebendige und frische 80-Jährige bei einer Fahrradtour oder auf dem Golfplatz. Das Mehr an Einsatz macht den spür- und sichtbaren Unterschied, nicht das „Alter". Aber ohne aktiven Einsatz wird jedes ebenso alte wie falsche Vorurteil bestätigt: „Alter" lässt alt aussehen. Der erwähnte 80-Jährige auf dem Fahrrad lacht darüber laut und schaltet in den nächsten Gang!

Ähnlich klar, einfach und meistens auch bekannt sind die Folgen einer angemessenen Ernährung. In jungen Jahren spielen Pizza, Naschwerk und auch literweise Bier zunächst noch keine Rolle. Nimmt man diese Lasten aber in die nächste und die übernächste Lebensphase mit, stellen sich die Konsequenzen meist im „Alter" dar: Stoffwechselkrankheiten, Adipositas, Bluthochdruck und Herzveränderungen sind dann zu bewältigen.

Veränderungen sind auch hier natürlich möglich. Aber die Aufmerksamkeit sollte schon in jüngeren Jahren auch einer ausgewogenen und in solchem Sinne gesunden Kost gelten.

Denn auch ohne Altlasten muss man zur Kenntnis nehmen, dass die Anforderungen an die Ernährung mehr im Bereich von frisch, ballaststoffreich, vitaminreich und wenig fettig liegen als im Bereich hochkalorisch, kohlehydratlastig oder einseitig. Dann wird der Körper unabhängig und unbegrenzt bis ins hohe Alter den Anforderungen gewachsen sein und Gesundheit demonstrieren.

Aber diese Zusammenhänge sind seit Langem gut bekannt, wenngleich sich viele Menschen wenig darum scheren. In unserem Zusammenhang von „Besonderheiten" stellt sich für „Alter" einfach dar, dass nicht nur wegen jugendlicher Altlasten dem Körper und seinem gesunden Erhalt mehr Aufmerksamkeit gewidmet werden muss als in den frühen Jahren. Denn ansonsten geht es ziemlich schnell und ziemlich steil bergab in puncto Fitness und Beweglichkeit, Gesundheit und Wohlbefinden.

Es zeigt sich also, dass auch im „Alter" die Gestaltungsmöglichkeiten in der eigenen Verantwortung liegen und nicht durch die Anzahl der Lebensjahre diktiert werden müssen. Entscheidungen haben Konsequenzen, wie man weiß.

Übersicht

- Bilanzierung „Midlife-Crisis" bereits in der Lebensmitte
- Möglichkeit zur Überprüfung und Neuorientierung
- Abgleichung von Wunschleben und Realität
- Weichenstellung für die zweite Lebenshälfte

Mentale Entwicklungen mit neurobiologischen Aspekten

Deutlich komplexer, spannender und faszinierender stellen sich die Verhältnisse im „Alter" auf der mentalen Ebene dar, im eigenen inneren Erleben.

Ohne dass es uns bewusst ist, sind wir von Geburt an in jeder Minute unzählbar vielen Informationen und Einflüssen ausgesetzt. Dazu zählen alle Empfindungen unserer Sinne wie Hören, Sehen, Tasten, Riechen oder Schmecken. Schauen und hören Sie sich nur einmal bewusst um, was in ihrem Umfeld gerade nur in dieser Minute so geschieht. Da ist Verkehrslärm, das sind Gesprächsfetzen, da sieht man einen blauen oder grauen Himmel, aus der Bäckerei strömt verlockend Duft, eine Ampel schaltet auf Rot, vielleicht bellt ein Hund, jemand spricht Sie direkt an.

Und das ist erst eine sehr kleine Auswahl. Wenn man das einmal über den Tag hochrechnen würde, kämen dabei absurde Zahlen in Bezug auf die Menge der Informationen zustande.

Unser Gehirn hat geschätzte 50 Mrd. Zellen, genau weiß man das nicht. Und jede einzelne Zelle hat wieder geschätzte 10.000 Verbindungen zu anderen Zellen. Zählte man diese Netzwerkverknüpfungen einmal zusammen, käme man in Bereiche, die zahlenmäßig kaum noch zu erfassen wären. Wie gut, dass der bei weitem größte Teil dieser Informationen unser Bewusstsein nicht erreicht, sondern automatisch quasi ausgeblendet wird und in den unbewussten Bereich gelangt. Die für den jeweiligen Status und die jeweilige Situation wichtigen Informationen werden dann in das Bewusstsein geleitet.

Während Sie Ampeln für Fußgänger, die Sie nicht betreffen, deshalb gar nicht bemerken oder nicht bewusst zur Kenntnis nehmen, werden Sie eine rote Ampel an einem Fußgängerüberweg beachten, falls Sie die Straße überqueren möchten. Denn sonst drohte Ihnen ja Gefahr, und Sie könnten durch den laufenden Verkehr vitalen Schaden nehmen. Deshalb treffen Sie auf der Grundlage Ihrer Wahrnehmung und im Wissen um die Bedeutung einer roten Ampel eine Entscheidung: Sie warten, bis die Farbe grün auftaucht, um die Straße dann zu überqueren.

Ja, ja, das mag auch so sein – aber was das nun mit den Besonderheiten im „Alter" zu schaffen hat, fragen Sie? Gemach, der Bezug stellt sich gleich schon her.

Können Sie an dieser Stelle bereits erahnen, was als Besonderheit im „Alter" zu erwarten ist? Die Sinne eines Säuglings werden nur sehr begrenzt in erste Wahrnehmungen einbezogen. Da geht es um Wärme, die Stimme der Mutter oder den Reflex beim Saugen an der Brust. Fällt Ihnen da ein Unterschied zu einem Menschen ab 55 Lebensjahren auf, etwa in der kurzen Momentaufnahme wie eben an der Ampel beschrieben? Berücksichtigt man zudem noch, dass eine nicht schätzbare Zahl dieser Informationen aus all den Jahren in nur zum Teil bekannten inneren Speichern abgelagert ist und wieder aktiviert werden kann, dann ist der Begriff „sehr komplex" sicherlich angemessen, oder?

Überschaubar ist das vom Bewusstsein nicht. Wie gut, dass mit dem unbewussten Raum ein schier unbegrenzter Speicher zur Verfügung steht.

Das alles scheint Ihnen jetzt schon recht kompliziert und anspruchsvoll?? Weit gefehlt, die wirklich komplizierte Ebene, die fehlt ja noch!

Denn alle diese Informationen dienen ja letztlich nur einem Ziel: Sie liefern ohne Unterlass so etwas wie Daten, die uns ein Handeln in unserem Lebensumfeld im Äußeren ebenso wie eine Orientierung im Inneren ermöglichen sollen. Sonst würden wir ja ohne jede Orientierung führungslos durch den Alltag taumeln. Das leuchtet Ihnen ein?

Das ist zwar sehr gut, aber ich höre Ihren Einwand schon: Aber habe ich nicht gerade gelesen, dass die Anzahl der einströmenden Informationen nicht mehr wirklich überschaubar ist?

Das stimmt. Denn was es unabdingbar braucht, und ohne geht es wirklich nicht, ist natürlich ein Ordnungssystem. Das ist ein Regelwerk, an dem man sich orientieren kann, wo einzuordnen ist, was wichtig ist oder unwichtig, was Handlungsbedarf erfordert oder nicht, was bekömmlich für uns ist oder was uns eher schaden kann, was uns selbst betrifft oder nur die anderen. Das sind nur einige wenige jener Ordnungssysteme, über die jeder Mensch verfügt und die Grundlage jeder Lebensführung sind.

Da sind an allererster Stelle die elementaren und lebensbedrohlichen Regeln zu nennen. Glücklicherweise müssen wir uns da nicht um sehr viel kümmern, weil die Natur uns mit Reflexen ausgestattet hat. So werden wir an einer heißen Herdplatte immer automatisch die Hand wegziehen. Und niemand wird überlegen, ob er atmet oder nicht.

Gleich danach kommen dann aber schon Situationen oder Bedingungen, die nicht mehr reflexartig oder automatisch zu bewältigen sind. Bei solchen Anlässen kommt unser Bewusstsein ins Spiel, um Entscheidungen zu treffen. Das Bewusstsein entscheidet dann, wann man eine Straße überquert. Das Bewusstsein entscheidet, ob man sich einer Gefahr aussetzt. Das Bewusstsein entscheidet, ob man sich für etwas entscheidet oder ob man es lieber lässt.

Indes besteht unser Leben ja meist nur zu einem verschwindend geringen Teil aus wirklichen Gefahren. Meistens müssen wir eine Auswahl treffen, die andere Entscheidungskriterien erfordert als Gefahrenabwehr.

Aber anhand welcher Kriterien entscheidet denn unser Bewusstsein dann, was zu tun oder zu lassen ist?

Auf diese Frage habe ich natürlich gewartet. Die Antwort lautet: Unser Bewusstsein entscheidet das nach inneren Glaubensgrundsätzen, nach inneren Maßstäben, nach unseren Überzeugungen.

Und hier kommen wir wieder in den Bereich der Besonderheiten im „Alter". Denn alle Entscheidungsgrundlagen werden im Laufe des Lebens erst aufgebaut. Niemand wird mit inneren Überzeugungen oder Wertmaßstäben geboren.

Der Säugling lernt: Wenn Du schreist, kommt die Mama an dein Bett oder du bekommst etwas zu trinken. Im schlechteren Fall kommt eine genervte Mutter, schreit ihr Kind an und verlässt wütend das Zimmer. In beiden Fällen hat das Konsequenzen. Entweder lernt der Säugling: Du musst deine Bedürfnisse nur laut genug anmelden mit deinem Schreien, dann werden sie auch erfüllt werden. Im anderen Fall lautet die Botschaft: Sei nur vorsichtig, deine Bedürfnisse nach außen zu tragen, denn das hat Zorn und Ablehnung zur Folge.

Wiederholt sich auf dieser einfachen Ebene ein solcher Vorgang in ähnlicher oder gleicher Weise, wird diese Erfahrung als Muster bei dem heranwachsenden kleinen Menschen abgelegt und steht fortan als Maßstab zu Verfügung. Das wird natürlich so nicht bewusst vom Säugling gesteuert, sondern unbewusst als Handlungsweise abgespeichert. Ursächlich für solche Speicherungen sind bestimmte Überträgersubstanzen im Nervensystem, die Belohnung als Wohlgefühl vermitteln oder eben Unwohlsein und Angst auslösen können. Es ist mitunter erstaunlich, wie selbst so frühe Verhaltensmuster oft noch im Erwachsenenalter eine Rolle spielen können.

Sie haben es ja alle selber erleben können – und deshalb liegt es auch im Bereich Ihrer Vorstellungskraft und im

erfahrenen Wissen –, das vom Säugling bis in das „Alter"
ein weiter Weg zurückzulegen ist, das Leben eben. Und
jeder Tag in diesem Leben ist gespickt mit neuen Regeln,
neuen Handlungsgrundsätzen, neuen Verboten und neuen
Angeboten.

Im Kindergarten erlernt man den Umgang mit anderen
Menschen, muss sich mit ersten Streitigkeiten auseinandersetzen. Überall gelten andere und eigene Gesetze
für das „richtige" oder angemessene Handeln, wie man
sich zu verhalten habe, um Belohnung, Zuwendung oder
Ablehnung zu erfahren. Im Rahmen der Familie findet
man wieder andere Bedingungen. Dort geben üblicher-
weise die Eltern Regeln vor, die Orientierung möglich
machen sollen.

Daneben gibt es dann noch ethische oder moralische
Grundsätze, die das jeweilige Umfeld und die jeweilige
Zeit vorgeben oder geltend machen. Und immer baut das
eine noch auf dem anderen auf.

Schließlich bietet dann die Pubertät die Möglichkeit,
im geschützten Rahmen eigene Maßstäbe und Regeln
zu entwickeln, bestehende zu übernehmen oder auch
abzulehnen. Im familiären Bereich ist das meistens ohne
Gefahren möglich, weil die Eltern normalerweise Schutz
und Hilfe bieten. Im Erwachsenenalter werden die
Bedingungen dann deutlich härter, und Entscheidungen
haben mitunter drastische Konsequenzen. Gesetze gilt es
einzuhalten, die unterschiedlichsten Interessen sind zu
berücksichtigen.

Und bei alledem müssen irgendwie auch noch eigene
Bedürfnisse und Wünsche ihren Platz im Leben finden.
Denn die wollen ja auch Erfüllung finden. So geht das Tag
für Tag, Woche für Woche und Jahr für Jahr.

Ich bleibe ich in jedem Alter! (© Claudia Styrsky 2021)

Wie leicht ist es doch für unseren Säugling, sich da zu entscheiden: Wenn ich Hunger habe, schreie ich! Für einen Erwachsenen ist das nicht so einfach. Denn er muss ja alles Erlernte bei seiner Auswahl und seinen Entscheidungen irgendwie berücksichtigen.

Ein Beispiel aus der Praxis kann das veranschaulichen:

In Firma Hansen sind die Personalkosten zu hoch. Ein neuer Personalchef kommt gerade von der Universität, schaut sich die Zahlen an, prüft die Rechtslage, sieht sich die Personallisten an und entscheidet. Am teuersten sind Meyer, Müller und der Petersen. Also werden die entlassen.

Der 50-jährige Personalchef macht ganz ähnliche Schritte, wie sein junger Kollege sieht auch er sich die Listen an. Und natürlich stößt auch er auf die genannten Mitarbeiter. Aber: Meyer hat zwei Söhne im Studium, die er unterhalten muss; Müllers Frau hat gerade eine Krebserkrankung erlitten und hat hohe Behandlungskosten; Petersen hat gerade im Vertrauen auf seinen Arbeitsplatz ein Haus gebaut für seine Familie mit zwei kleinen Kindern. So wird dann eine andere Lösung gefunden, die nicht ganz so einfach ist, aber die Gegebenheiten angemessen berücksichtigt, sodass der Personalchef mit gutem Gewissen seine Entscheidung treffen kann.

Übersicht

Die mentale Entwicklung auf neurobiologischer Grundlage findet ihre organische Abbildung in einem Netzwerk aus 60 Milliarden Gehirnzellen. Jede einzelne hat ca. 10000 Verknüpfungen zu anderen Neuronen.

- Emotionale Erfahrungen,
- Belohnung und Ablehnung,
- Gefahrenwarnungen,
- erlernte Inhalte,
- Impulse aller Sinne (Sehen, Hören, Fühlen, Riechen, Tasten),
- Orientierungswege

bestimmen neben zahllosen anderen Einflüssen die mentale und emotionale Ausbildung und prägen auf neurobiologischer Ebene dieses Netzwerk.

Erfahrungsschätze von hoher Kompetenz

Und da begegnen wir ihnen wieder, den Altlasten aus den vergangenen Jahren vor dem Alter. Nur sind es in diesem Fall keine Lasten und Versäumnisse, sondern ganz im Gegenteil: ein umfangreiches Wissen, der Erwerb von sozialer Verantwortung, Empathie, der Blick für das Ganze und ein moralischer Anspruch. Aber nur wenn dies alles bei den Entscheidungen berücksichtigt wird – und erst dann – ist ein Mensch im „Alter" auch zufrieden und ohne inneres Spannungsfeld.

Im Gegensatz zur körperlichen Entwicklung hin zum Alter wird erkennbar, dass es auf der mentalen Ebene nicht um Versäumnisse geht, die man durch Training in jeder Lebensphase wieder ausgleichen und umkehren kann. Vielmehr geht es darum, dass im Laufe der Jahre ein sehr dichtes Gerüst aus Fähigkeiten, Kompetenzen und

Glaubensgrundsätzen aus innerer Überzeugung aufgebaut werden konnte. Und diese Eigenschaften waren und sind sehr wichtig, um ein Leben „erfolgreich" zu gestalten, in dem man sich auch weitgehend wohlfühlen kann.

Es zeigt sich aber auch, dass diese aufgebauten Lebensregeln ein sehr hohes Maß an Arbeit und Abwägen erfordern, wenn man sich in seinem Leben im „Alter" orientieren will. Das ist eine unabdingbare und sehr zentrale Besonderheit in eben diesem Alter.

Deshalb halte ich es in den meisten Fällen für einen Irrtum, dass man im „Alter" weniger belastbar sei. Ich glaube, ganz das Gegenteil ist der Fall. Auch bei der ganz normalen Lebensführung ist von einem Menschen im „Alter" ungleich mehr zu berücksichtigen und zu beachten als von einem Menschen in einer jüngeren Lebensphase, dem dieses geballte Wissen nicht zur Verfügung steht. Denn selbst für das eigene Wohlgefühl müssen sehr viel mehr Bedingungen im Alltag erfüllt sein, damit es sich im „Alter" einstellen kann. Reicht es in der Jugend aus, im Sommer gegen Mittag um halb elf aufzustehen, eine Freundin anzurufen, ein Baguette und eine Flasche Rotwein zu erwerben, um sich dann gemeinsam in die Sonne an den Strand zu legen, um einen wunderbaren Tag zu verbringen, so wird das im „Alter" nicht genügen, um ein ähnliches Gefühl zu erzeugen.

Sie fragen sich gerade, ob es denn unter diesen Bedingungen, die ja für alle Menschen gelten, überhaupt möglich sein kann, ein bekömmliches Leben im „Alter" zu gestalten und Raum für Lebensfreude dort zu finden?

Nehmen Sie bitte mein freundlich ermunterndes Lächeln, mein zustimmendes Nicken und die weiteren Abschnitte dieses Buches, um diese Frage ganz eindeutig und klar mit einem entschiedenen „Ja" zu beantworten!

Literatur

Andreas Kruse, Hans-Werner Wahl, Zukunft Altern, Spektrum Akademischer Verlag (2009)

Andreas Bergmann, Endlich im Ruhestand – Und jetzt?, Books on demand (2019)

Margret Baltes, Leo Montada (Hrsg), Produktives Leben im Alter Campus Verlag (1996)

Paul B. Baltes (Hrsg), Die Berliner Altersstudie, Oldenbourg Akademieverlag Verlag (1999)

Möglichkeiten und Angebote

Stress, lass nach

Neben den Anforderungen einer bekömmlichen Lebensführung, die auf mancher Ebene mit jedem Lebensjahr
und mit dem „Alter" wachsen, öffnen sich auch Türen
für ein großes Angebot an neuen Möglichkeiten. Dies
sind ebenso angenehme wie lebendige Perspektiven, die es
dann allerdings auch für sich zu nutzen gilt.

Zuallererst und auch nicht übersehbar steht ein
zunächst ungewohntes Maß an Zeit zur Verfügung.
Zeit ist etwas Kostbares, denn das Leben ist nun einmal
begrenzt. Wer noch im Beruf steht, wird es ganz besonders
zu schätzen wissen, dass freie Zeit zur eigenen Nutzung
vorhanden ist. Denn im Kontrast erlebt man ja noch das
Eingebundensein in Pflichten und Aufgaben, die dann
Raum einnehmen. Aber mit der Altersphase – Sie werden
sich erinnern, dass wir hier willkürlich einen Beginn ab
dem 55. Lebensjahr definiert hatten – verschieben sich ja

© Der/die Autor(en), exklusiv lizenziert durch Springer-Verlag
GmbH, DE, ein Teil von Springer Nature 2021
W. Blohm, *Das Alter – Impulse für die bessere Hälfte*,
https://doi.org/10.1007/978-3-662-63322-9_4

manche Prioritäten. Denn gemeinhin ist in diesem Alter die Karriereplanung abgeschlossen, der berufliche Zenit ist erreicht, die Kinder sind jetzt erwachsen, das Haus ist gebaut. An manchen Stellen wird, wie im vorhergehenden Kapitel beschrieben, eine Neubewertung vorgenommen.

Sind Sie in der glücklichen Lage, bereits ein Ruhegeld wegen Alters zu beziehen, steht Ihnen dann unbegrenzt Zeit zur Verfügung. Morgens stehen Sie nicht mehr auf mit dem Druck, zu einer festen Zeit den Bus oder die Arbeitsstelle zu erreichen. Das Frühstück muss nicht mehr im Stehen eingenommen werden, weil der Wecker wieder später klingelte. Sie können sich also ganz genüsslich die Zeit nehmen, die Sie unter der Dusche verbringen möchten, Sie kleiden sich in aller Ruhe an oder belassen es auch bei einem Bademantel. Vielleicht lesen Sie dann gerne ausführlich Ihre Zeitung, statt wie früher nur einen kurzen Blick auf die Schlagzeilen zu werfen. Vielleicht schätzen Sie aber auch ganz besonders, dass ein ausführliches Gespräch mit dem Partner möglich ist, wo früher ein schneller Abschiedskuss beim Aufbruch fast die Regel war.

Da ist Ihnen zu wenig Power drin?

Das ist gar kein Problem, denn Sie haben ja die Zeit zur freien Planung, sodass sie den Tag auch bereits sehr früh mit einem Sportprogramm oder anderen Aktivitäten gestalten können. Es ist IHRE Zeit, und SIE bestimmen, in welchem Rahmen Sie diese dann gestalten möchten. Man kann es gar nicht oft genug betonen und darauf verweisen: Sie haben die absolute Hoheit über das Kostbarste überhaupt in ihrem Leben zurückerhalten: Ihre LebensZEIT.

Ein großartiges Gefühl der Freiheit und Offenheit wird Sie durchströmen, wenn dieses Wissen vom Kopf in den Bauch gelangen kann, wenn Verstand und Gefühl es beide erfassen! Zu Beginn dieser neuen Lebensphase mit dem

Namen „Alter" mag das für manche von Ihnen vielleicht noch ungewohnt und seltsam sein, denn jeder Tag zuvor war ja vorgegeben und oft eng getaktet.

Deshalb ist es eine gute Übung, dass Sie sich jeden Tag ganz bewusst auf diesen Freiraum, die unbegrenzte Zeitgestaltung, einstimmen. Bereits beim Erwachen haben Sie die Wahl: Möchten Sie jetzt wirklich aufstehen, oder wäre eine weitere halbe Stunde genüsslicher Bettwärme auch sehr bekömmlich? Sie haben die Wahl!

Sie werden nun vielleicht einwenden: Das ist ja alles richtig, aber mir fehlt ja doch auch etwas. Und natürlich ist das so. Aber lassen Sie uns darüber später noch ausführlich reden.

Zunächst einmal verbuchen Sie ohne Einschränkung und ohne jeden Verlust auf dem Zeitkonto tatsächlich nur eines: absoluten Gewinn am Freiraum Zeit! Das ist ein großer Schatz in der Lebensphase „Alter", oder sehen Sie das anders? Über die Gestaltung dieser Zeit reden wir dann etwas später, aber ich widerhole es gerne, weil es mir so wichtig ist: Der Schatz ist da und wartet darauf, dass Sie ihn bekömmlich nutzen!

Was vermissen Sie denn bei dem Gewinn von Zeit am meisten: Den Stress, ständig auf die Uhr zu schauen? Den steten Druck, rechtzeitig eine Arbeit abzuliefern? Die tägliche Hetze, Termin einzuhalten? Die viel zu enge Taktung von Aufgaben? Das hastige Verschlingen der Mittagsmahlzeit in der Kantine? Die fremdbestimmte Zeiteinteilung, die Ihrem Arbeitsplatz geschuldet ist? Den fehlenden Zeitrahmen für Interessen wie Malerei, sportliche Tätigkeiten, Spaziergänge im Wald, Basteleien, längst fällige Arbeiten am Haus oder Zeit mit der Familie und den Enkelkindern? Die enge Struktur, die jeden Tag bestimmt hat und enge Fesseln anlegte? Die Abhängigkeit der Urlaubspläne von den Ferienzeiten?

Entscheiden Sie am besten selbst, wie sich diese Liste noch erweitern ließe und an welchen Punkten daraus Sie gerne auch im „Alter" festhalten möchten. Denn davon hängt ja ab, mit welchen Inhalten Sie künftig den Freiraum Zeit füllen möchten.

Endlich frei! Das MUSS geht in Rente. (© Claudia Styrsky 2021)

Freie Gestaltungsmöglichkeiten

Wenden wir uns also dieser zweiten Dimension einmal etwas intensiver zu: der Freiheit. Denn die Zeit schafft im „Alter" den Raum, aber eine weitere Dimension wird ebenso in dieser Lebensphase freigeschaltet: die Freiheit!

Dieser inhaltliche Raum wird mit jedem Jahr, das Sie im Alter verbringen, immer weiter. Denn während in den letzten Berufsjahren noch zahlreiche Einschränkungen vorhanden sind, wird das in der Zeit des Altersruhegeldes wegen „Alter" noch einmal sehr krass anders.

Von einigen Fesseln konnten Sie sich ja bereits trennen, Sie erinnern sich?

Denn wie viele Inhalte waren den Bereichen Karriereaufbau, Schaffen finanzieller Sicherheiten, Aufbau einer Familie, Erwerb von Wohnung oder Haus und anderer Außenorientierung in den jungen Jahren zugeordnet? Den allergrößten Teil dabei hat ziemlich sicher die berufliche Entwicklung eingefordert. Neben der geregelten Arbeitszeit gab es sehr wahrscheinlich zuweilen auch noch Überstunden. Und für unternehmerische Tätigkeiten sind Zeiten von 12 und mehr Stunden am Tag ganz sicher keine Seltenheit, die Wochenenden oder Feiertage fanden sich oft auch nur auf dem Kalender. Vorgaben gab es in allen Bereichen immer. Es waren bestimmte Arbeiten mitunter bis ins Detail festgelegt und ließen wenig Raum für eigene Gedanken oder Vorstellungen. Vielleicht haben Maschinen, Handlungsweisen und der Arbeitstakt den ganzen Tag vollständig bestimmt. Immer ist man irgendwelchen Normen, Regeln oder Vorgaben hinterhergelaufen, die nicht einmal immer einzusehen oder zu verstehen waren. Eigene Wünsche, Bedürfnisse und Vorstellungen hatten inhaltlich sehr wenig Raum.

Das Wort „Freiheit" in dieser Lebensphase zu erwähnen, hieße sicher, in den Raum der Fremdwörter vorzustoßen. Ausnahmen gibt es dabei natürlich schon, das ist so keine Frage, aber um solche handelt es sich dann eben auch.

Alle diese Lasten legt man im „Alter" endlich zentnerweise ab. Natürlich ist man den Kindern weiter verbunden, wenn die das denn möchten. Wahrscheinlich ist auch noch ein Restdarlehen auf dem Haus, oder es muss ein Mietzins monatlich entrichtet werden, Kosten fallen irgendwie ja immer an.

Aber was der Chef von Ihnen will? Wen interessiert das noch bei Altersgeld in Ruhe – das ist nicht mehr wichtig, und eine heimliche Freude macht sich vielleicht breit neben einem kleinen Rest an Wehmut, wenn Sie vielleicht einmal wieder an Ihrem alten Arbeitsplatz vorbeikommen.

Und überhaupt, schaut man bei einer solchen Begegnung mit den früheren Kollegen auf die Uhr, dann ist es vielleicht gerade halb elf oder halb zwölf! Alle anderen haben noch einen langen Arbeitstag und dessen Anforderungen zu bewältigen! Sie aber lächeln freundlich, winken vielleicht kurz, und ziehen fröhlich ihres Wegs zu einer Tasse Kaffee in Ihrem Lieblingsbistro gleich in der Innenstadt.

Ist das nicht einfach genial? Sie haben nun die absolute Freiheit – na ja, einige Einschränkungen gibt es ja in jedem Alter und in jedem Leben –, Sie haben die Freiheit, die neue Zeit mit Inhalt frei und nach Bekömmlichkeit zu gestalten. Denn das ist jetzt der neue Maßstab ihres Lebens: die Bekömmlichkeit!

Erinnern Sie sich noch an das Wort Müßiggang? Fast scheint es mir aus dem Alltag zu verschwinden, weil dafür wohl keine Zeit mehr ist. Wie wunderbar ist es doch, seinen Gedanken freien Lauf zu lassen, die Sonne auf der Haut zu spüren oder auch den Regen, einfach und nur so zu gehen und sich dabei gehen zu lassen.

Wahrscheinlich haben Sie es schon bemerkt, aber zur Sicherheit spreche ich es doch noch einmal an: Genau so wichtig wie die Freiheit im Handeln ist ganz gewiss auch die Freiheit im Denken. Können Sie sich erinnern, wie viel Zeit Sie damit verbracht haben, ihre Zukunft zu planen und zu gestalten im beruflichen Bereich? Wissen Sie noch, wie oft Sie Probleme aus dem Arbeitsplatz mit in Ihr Zuhause genommen haben, um dort weiter darüber zu brüten? Wissen Sie noch, wie Sie finanzielle Pläne aufgestellt haben, um den Alltag, den Hausbau und Investitionen darzustellen und dann umzusetzen?

Das kostet oft mehr als nur eine schlaflose Nacht. Auch die Sorgen um die Krankheiten oder Schulprobleme der Kinder können die Gedanken komplett besetzen.

Von dem größten Teil all dieser Lasten ist man im „Alter" endlich frei oder nur noch zu einem geringen Teil betroffen. Ist es nicht ein absolut großartiges Gefühl, die Erleichterung darüber auch zu spüren? Das Bewusstmachen dieser Empfindung sollte man sich fast an jedem Tage gönnen, wenn man glücklicherweise schon im „Alter" ist.

Auch auf diesem wesentlichen Gebiet Ihres Lebens kehrt die Gestaltungsfreiheit, die Wahl von Inhalten, in Ihr ureigenes Hoheitsgebiet wieder zurück. Sie haben wieder das Gefühl: Hier bin ich Mensch, hier darf ich's sein, oder?

Übersicht

Prägende neue Perspektiven sind:

- Lebenszeit bewusst erleben ohne Außendruck,
- freie Gestaltung von Zeit und Inhalt,
- eigene Prioritäten setzen,
- unabhängige Freiheitsgestaltung,
- Zeitzonen selbst bestimmen,
- Bekömmlichkeit als Maßstab,
- Müßiggang erleben,
- nichts tun müssen.

Zugriff auf ein großes Lösungspotenzial

Einer der größten Schätze, die es im „Alter" zu bergen gibt, wird gerade in der heutigen Zeit in unserem Kulturkreis kaum noch registriert oder selten beachtet selbst von den Menschen, denen dieses kostbare Gut gehört: Es handelt sich dabei um die „Erfahrung."

Denn was manchem jungen Menschen angestaubt, nicht zeitgemäß oder überholt erscheint, ist mit das Beste, das man sich im Laufe seines Lebens Schritt für Schritt erwerben kann. Und was sich fast ein wenig nüchtern, unbedeutend und sehr bescheiden liest, hat es inhaltlich ohnegleichen in sich.

Nur selten erinnert man sich im Detail daran, das ist auch gar nicht nötig: Im Laufe eines jeden Lebens stellen sich von Kindesbeinen an stets Probleme, für die man Lösungen finden muss. Es gibt Hindernisse auf dem Weg, die es auszuräumen gilt. Man wird mit Unerwartetem konfrontiert, dem man sich gewachsen zeigen muss. Wenn Sie einmal versuchen würden, sich daran zu erinnern, bräuchten Sie wahrscheinlich Tage, um das alles klar zu sehen.

So entstand mit der Zeit ein Werkzeugkasten, der nun alle Lösungswerkzeuge, alle Ressourcen, alle Kompetenzen enthält, die Sie im Laufe Ihres Lebens erworben haben. Und kein einziges Werkzeug bekamen Sie geschenkt. Jedes einzelne wurde von Ihnen wurde durch Mut, Einsatz, Engagement und Ihre Arbeit erst erworben.

Wissen Sie überhaupt noch, was Sie alles in Ihrem Leben erlebt, erlernt, geleistet, aufgebaut, erschaffen, gesichert und verändert haben? Irgendwie wird man im „Alter" eher bescheiden, fürchte ich, und deshalb wird es Sie schließlich einige Mühe kosten, sich auch nur an einzelne Bereiche zu erinnern oder nicht alles in der Rubrik: „Das war doch nichts Besonderes, das war doch ganz normal" oder „Das war doch meine Pflicht" abzulegen und fürderhin nicht weiter zu beachten.

Ich bitte Sie von ganzem Herzen darum und rufe Sie ganz explizit dazu auf: Legen Sie diese Bescheidenheit ab, werden Sie endlich unbescheiden. Das wird Ihnen künftig sehr von Nutzen sein, um der Wichtigtuerei mancher Selfie-Kultur mit Gelassenheit zu begegnen und manch jugendlicher Arroganz nur ein freundliches, aber sehr bestimmtes Lächeln zu zeigen!

Natürlich geht es dabei nicht darum, sich auf einen Sockel zu stellen. Denn wenig liegt den Menschen in der Lebensphase „Alter" ferner als sich dergestalt auf einem Sockel zu erhöhen. Warum sollte man das tun? Sie müssen niemandem mehr etwas beweisen! Und das ist gut und richtig so. Aber unter den Scheffel stellen muss sich wegen „Alter" nun auch wirklich niemand.

Sind Sie und Ihr Selbstbewusstsein jetzt dabei?

Altersweisheit und Verwandte

Sie erwarten jetzt schon etwas ungeduldig, dass ich endlich eine wirklich fast sagenumwobene Eigenschaft in den Fokus hole?

Dann komme ich dem gerne nach und widme mich nun: der Altersweisheit!

Das ist ja ein Begriff, der einen vor Ehrfurcht fast den Hut ziehen lässt, vor dem man sich in Demut verbeugt und den man irgendwann im eigenen Leben sehnsüchtig erwartet. Tun Sie das auch?

Ich fürchte allerdings, dass ich an dieser Stelle Ihren Erwartungen nicht wirklich gerecht werden kann. Denn ich glaube, Ihr Warten ist vergebens. Nicht nur wartete ich selbst schon einige Zeit ohne Erfolg auf diese wunderbare Eigenschaft, auch fand ich in meinem Umfeld bislang keinen Menschen, dem ich oder der sich eine solche Altersweisheit zugesprochen hätte. Natürlich kann man aus diesem Umstand jetzt nicht zwingend schließen, dass es eine solche gar nicht gäbe und sie nur eine Fiktion, ein

Traum sei, so wie dereinst der Gral. Aber folgern wir einfach nur realistisch: Oft kommt sie offenbar nicht ins Spiel, die Altersweisheit. Falls Sie allerdings im Besitz einer solchen sein sollten, bitte ich dringend um eine entsprechende Nachricht, das müssen Sie mir bitte versprechen.

Mit einigen Verwandten kann ich aber vielleicht dienen. Dazu gehört die Gelassenheit. Denn Sie haben in Ihrem Leben ganz sicher gelernt, dass „nichts so heiß gegessen wird, wie man es kocht", Sie werden bei einem Problem nicht gleich in Panik verfallen und stattdessen erst einmal aus der Distanz und in Ruhe zuerst das Problem erkennen und dann nach einer Lösung suchen.

Ein weiterer Verwandter ist die Sicherheit. Denn im Laufe Ihres Lebens haben Sie sehr oft entscheiden müssen, was wichtig und was unwichtig ist. Und diese Sicherheit steht Ihnen nun täglich zur Verfügung.

Zu dieser Verwandtschaft zählt auch die Klarheit: Sie werden nach all den Jahren ganz gewiss und sicher unterscheiden können, was wirklich Sie betrifft und was gar nicht in Ihren Zuständigkeitsbereich fällt.

Des Weiteren können Sie inzwischen sehr wohl unterscheiden, welche Fragen oder Probleme eine schnelle Handlungsreaktion erforderlich machen und womit man sich einfach ein wenig Zeit lassen kann. Dafür braucht es allerdings recht viel Erfahrung. Aber darüber verfügen Sie ja ganz ohne Zweifel im „Alter" – im Gegensatz zu einem jungen Menschen.

Als weiteres Mitglied in der Familie „Altersweisheit" zählt auch Ihre Unterscheidungskompetenz. Denn Sie werden sehr häufig in der Lage sein zu unterscheiden, ob man Ihnen „ein X für ein U" vormacht oder ob ein Inhalt wirklich von Substanz erfüllt ist. Um den heutigen Sprachgebrauch zu nutzen: Es wird Ihnen nicht allzu schwerfallen, einen Fake von einer wirklichen Gegebenheit zu unterscheiden.

Alle diese Eigenschaften und Fähigkeiten ordnen Sie eigentlich doch gerade der „Altersweisheit" zu? Das bleibt Ihnen natürlich unbenommen. Ich kenne jedenfalls nur diese Mitglieder in der Familie und bin sehr froh darüber. Eine enge verwandtschaftliche Beziehung zu der allseits bekannten Familie der Lebenserfahrung lässt sich dabei nicht leugnen.

Übersicht

- Altersweisheit ist leider eine Mär.
- Erfahrungen und Lösungskompetenz sind unzerstörbar sicher.
- Gelassenheit ist eine wunderbare Tugend.
- Klarheit ermöglicht Orientierung.
- Sicherheit dort, wo sie wirklich wichtig ist.
- Lebenserfahrung ist durch gar nichts zu ersetzen.

Privilegien

Kommen wir nun zum nächsten Privileg im „Alter", das Ihnen künftig zur Verfügung steht: Sie dürfen sich endlich vom Leistungsprinzip verabschieden.

Nach einiger Zeit merkt man es fast gar nicht mehr, weil es allzu sehr zum alltäglichen Leben geworden ist. Aber die meisten Menschen leben unter einem ständig hohen Leistungsdruck. Da geht es im Kindesalter darum, wer zuerst läuft, dann geht es mit der Sprache weiter, und der Leistungsdruck erlebt zahlreiche Höhepunkte in der Schule, wenn es um die Noten geht oder um Leistungen im sportlichen Wettbewerb. Dabei werden die Ansprüche nicht immer ausgesprochen, sie ergeben sich ganz einfach aus dem Leben in der Gemeinschaft und der Wertschätzung, die man durch bestimmte Leistungen erfährt.

Im späteren Leben geht das dann natürlich weiter: Zur Berufsausbildung wird man mitunter erst nach einem Leistungsbeweis zugelassen. Im Beruf selbst steht man dann oft im ständigen Leistungsabgleich mit anderen Angestellten oder anderen Betrieben. Das hört irgendwie niemals auf und nimmt mitunter absurde Formen an: Welches Auto kann man sich leisten, in welchem Viertel wohnt man, kann man sich ein eigenes Haus leisten?

Sie sind ja inzwischen Experte für das Thema „Alter" und haben sicher längst verstanden, was sich hinter dem Stichwort „Leistung" in Wirklichkeit verbirgt. Es geht dabei ganz einfach darum, vor allen anderen Menschen, mitunter auch gegenüber Institutionen oder Einrichtungen seine Wertigkeit zu beweisen: Schaut einmal her, wozu ich in der Lage bin. Und selbstverständlich will man sich auch selbst beweisen, wozu man so fähig ist. Das ist ja auch über weite Phasen eines Lebens von Bedeutung.

Aber einmal ganz ehrlich: Wem wollen Sie im „Alter" denn noch was und warum beweisen?

Ein Patient sagte mir einmal zu diesem Thema: „Ich kann mich noch jederzeit mit einem jungen Menschen messen". Ich mutmaßte sogleich, dass er irgendwie so gar nicht verstanden hatte, worum es in der Lebensphase „Alter" wirklich geht, oder dass womöglich Versäumnisse in Jugendjahren ihn eine solche Aussage treffen ließen.

Um aber meine Frage an Sie an Ihrer Stelle zu beantworten, komme ich darauf zurück: Natürlich muss man im „Alter" nun wirklich niemandem etwas beweisen. Leistung mag in manchen Lebensphasen wirklich hilfreich und von Bedeutung sein, um Ziele zu erreichen. Menschen im „Alter" haben aber längst alle Beweise dafür abgeliefert, wie man ein Leben erfolgreich führt, wie man auch Widrigkeiten die Stirn bietet und ihnen gewachsen ist, und wie man seine gesteckten Ziele mit Beharrlichkeit und Fleiß erreicht.

Statt der Leistung sollte nun ein anderer Lebensbegleiter Einzug halten in der Lebensphase „Alter". Und deshalb bitte ich Sie herzlich, die Leistung angemessen zu verabschieden, denn sie hat sich lange und gut bewährt. Jetzt allerdings können wir sie mit allem Respekt in den Ruhestand entlassen und an ihrer Stelle nun auch hier die Bekömmlichkeit sehr herzlich willkommen heißen für die nächsten 20 oder 30 Jahre.

Natürlich spricht nicht wirklich etwas dagegen, wenn Sie die Leistung hin und wieder zu einem Spaziergang einladen, weil Sie vielleicht beim Golf ihr Handicap verbessern wollen oder vom Halbmarathon auf die volle Distanz umsteigen möchten.

Sie haben die Zeit, Sie haben den Raum, Sie haben die Entscheidungshoheit, ihr Leben bekömmlich und angemessen zu gestalten. Und ich bitte Sie sehr herzlich darum, mit allen diesen Pfunden wirklich auch zu wuchern, die das „Alter" in so reichem Maße für Sie bereitstellt, und sie wieder ins Bewusstsein zu rufen.

Gefahrenquellen

Bei so vielen neuen Möglichkeiten, so weiten Angeboten und so viel Freiraum darf der Hinweis auf eine Falle allerdings nicht verschwiegen werden. Diese Falle hat einen Namen. Man nennt sie Introspection, und es sind beachtlich viele ältere Menschen, die in diese Falle tappen.

Vielleicht kommt ihnen das Wort „Selbstbeobachtung" bekannter vor. Es ist derselbe Vorgang gemeint.

Während der Arbeit und bei umfänglichen anderen Beschäftigungen und Tätigkeiten wird die Aufmerksamkeit meistens auf den jeweiligen Fokus ausgerichtet, und es bleibt wenig Zeit für die Gedanken zu einem Schwenk nach links oder rechts oder nach innen. Das ist in dieser

Lebensphase nun dramatisch anders. Denn Zeit steht ja im Übermaß zur Verfügung.

Zusätzlich wird der Markt seit Monaten überschwemmt mit allerlei Gadgets, Pulsmessern, Blutdruckgeräten und Sauerstoffregistratoren, die allesamt eine Kontrolle des eigenen Gesundheitszustandes ermöglichen sollen. In Ausnahmefällen ist das sicher sinnvoll, um bei bestimmten Erkrankungen einige Vitalfunktionen zu überwachen. Aber gemeinhin führt das ständige Kontrollieren zu Unsicherheiten bereits bei kleinen Abweichungen, die eigentlich völlig bedeutungslos sind.

Und so ist das auch mit der Selbstwahrnehmung. Für die eigene Orientierung und eine bekömmliche Lebensführung ist es natürlich von Bedeutung, seine Gefühle und sein Befinden wahrzunehmen.

Wer allerdings sein Hauptaugenmerk auf die Frage richtet, wie es ihm gerade geht, wird Angst statt Sicherheit damit kreieren. Denn der Körper reagiert ja immer irgendwie. Da ist der Puls mal schneller, die Atmung vertieft, irgendwo zwickt es oder es drückt. Nur sind das ganz normale Vorgänge, ohne jeden bedrohlichen Hintergrund. Bei ständiger Kontrolle und Beobachtung entsteht aber sehr schnell der Eindruck, nichts liefe mehr normal, ständig gäbe es Warnzeichen, der Körper sei gestört, und hinter gelegentlicher Traurigkeit wird dann rasch eine Depression vermutet. Das führt zu steten Irritationen und ist oft der Beginn einer langen Odyssee von einem Arzt zum anderen. Ein entspannter Alltag findet in der Folge kaum noch statt.

Das rechte Maß ist also von Bedeutung. Und ansonsten tut man gut daran, im Alltag seine Aufmerksamkeit achtsam auf sein Tun zu richten, jedoch nicht ständig Unwägbarkeiten, Unregelmäßigkeiten oder Veränderungen zu registrieren.

Übersicht

Gefahrenquellen begegnen:

- Vergleiche hinken und sie schaden nur.
- Selbstbeobachtung ist nur maßvoll bekömmlich.
- Ständige Kontrollen von Körperfunktionen bringen nur ausnahmsweise Gewinn.
- Achtsamkeit im Tun gibt Sicherheit und Orientierung.
- Vertrauen in den Körper schafft innere Ruhe.
- Wohlbefinden ist kein garantierter Dauerzustand.
- Leben ist auch Ungemach.

Vertrauensteam oder Kompetenzmannschaft

Kompetenzteam. (© Claudia Styrsky 2021)

Nachdem wir uns ein wenig mit den Grundbedingungen und Umständen vertraut machen konnten, die im „Alter" so zu finden sein können, geht es nun um einen wichtigen weiteren Schritt.

Denn die Bedingungen zu kennen, die in dieser Lebensphase warten, ist ja ganz interessant. Das sagt allerdings noch nicht sehr viel darüber aus, wie Sie solche Gegebenheiten mitgestalten, beeinflussen oder mit bekömmlichem Inhalt füllen können. Dazu braucht man Fähigkeiten, Eigenschaften, Ressourcen oder Kompetenzen, die speziell für das „Alter" und den Umgang damit geeignet sind.

Stimmt Sie das ein wenig skeptisch oder unsicher nach dem Motto: „Ja, wo soll ich die denn nun alle herholen?"

Vielleicht werden Sie da ein wenig ruhiger, wenn ich Ihnen versichere, dass die meisten dieser Eigenschaften in Ihrem Leben längst erworben sind, wie im vorherigen Kapitel beschrieben. Können wir uns darauf einigen, künftig in diesem Zusammenhang von ihrem Kompetenzteam oder Ihrer Vertrauensmannschaft zu sprechen? Das macht den Umgang damit ein wenig klarer und einfacher.

Hin und wieder sind ja schon einige Mitglieder aus dem Kompetenzteam bei unseren bisherigen Betrachtungen in Erscheinung getreten. Ich erinnere da an den Leistungsanspruch oder die Gelassenheit.

Es wird möglicherweise auch das eine oder andere neue Teammitglied zu engagieren sein, aber ich bin sicher, dass der weitaus größere Teil Ihnen seit vielen Jahren zur Verfügung steht. Leider ist man sich dessen allerdings nur selten bewusst, welche tollen Mitarbeiter – engagiert und loyal, ohne große Fragen zu stellen – einfach zur Verfügung stehen.

In jedem Lebensabschnitt ist es erforderlich, flexibel zu sein und sich mit neuen Bedingungen zu arrangieren. Darüber haben wir ja bereits gesprochen. Im Säuglingsalter braucht es vor allem Neugierde und Mut, sich auf all das Unbekannte einzulassen. In der weiteren Entwicklung spielen sicher Zielstrebigkeit und Durchhaltevermögen,

Selbstvertrauen und Konfliktfähigkeit eine große Rolle und ergänzen das Team immer weiter.

Im Laufe des Lebens stellen sich dann die zentralen Eigenschaften meist immer deutlicher dar: jene, auf die man sich absolut verlassen kann, jene, die nachhaltig oder sicher Erfolg garantieren, um nur zwei davon zu nennen. Obwohl das bewährte Team Ihres Vertrauens täglich rund um die Uhr zu Ihrer Verfügung steht, nehmen Sie das selten wirklich bewusst zur Kenntnis.

Deshalb bitte ich Sie, sich einmal ein wenig Zeit dafür zu nehmen – und das werden leider kaum nur Minuten sein oder Stunden, sondern vielleicht auch einige Tage –, um sich all der Eigenschaften, Kompetenzen, Ressourcen und Fähigkeiten bewusst zu werden, die Ihnen zur Seite standen, um den Tag bekömmlich zu gestalten, um Aufgaben zu erledigen, um geschmiedete Pläne umzusetzen oder Zufriedenheit zu erreichen.

Das ist eine umfangreiche Aufgabe, das stimmt. Aber sie hat ganz sicher auch ein sehr lohnendes Ergebnis. Schließlich geht es dabei ja um die Gestaltung Ihrer nächsten 30 Lebensjahre!

Es gibt Menschen, bei denen Mut an allererster Stelle steht, wenn es um den Alltag geht. Sie hatten den Mut, früh etwas auszuprobieren, sind auf Stühle und auf Bäume geklettert, haben dabei früh ausgeprägt gute motorische Fähigkeiten entwickelt und bauten sportliche Erfolge darauf auf. Auch wer ein selbstständiges Unternehmen gründen möchte, benötigt dabei vor allem auch sehr viel Mut, um riskante Entscheidungen zu treffen, deren Ausgang nicht selten offen sein kann.

Bei anderen spielt Neugierde schon im Kindesalter eine Rolle. Alles muss angefasst, zerlegt oder ausgiebig betrachtet werden. Und um alles zu verstehen, werden dann sehr viele Bücher gelesen oder anderweitig Informationen angefordert. Personen, die sich später im

Forschungsbereich wiederfinden, sehen oft ihre Neugierde als die wichtigste treibende Kraft für eine solche Berufswahl.

Ehrgeiz kann eine starke und treibende Kraft sein, wenn es darum geht, etwas ganz Besonders zu schaffen oder zu erreichen. Dazu gesellen sich dann oft noch Hartnäckigkeit, Durchsetzungsvermögen und Zielstrebigkeit.

Der Anspruch geht in eine ganz ähnliche Richtung. Denn ohne den Willen, etwas auf einem hohen Niveau in eine bestimmte Richtung zu bringen, Höchstleistungen zu erzielen, sich eben auch von anderen Menschen dadurch zu unterscheiden, wäre so manches wichtige Projekt niemals umgesetzt worden.

Ohne eine gewisse Flexibilität geht gar nichts mehr im Leben. Alles ändert sich überall so schnell. Und jeder Tag ist ohnehin auch anders, das beginnt beim Wetter und geht bis zu der morgendlichen Stimmung beim Erwachen. So werden wir ständig gezwungen, flexibel zu sein, neue Programme zu erlernen, von Gewohntem zu Neuem zu wechseln, den Arbeitsplatz oder den Wohnort neu zu wählen.

Bei allem schnellen Wechsel ist es auch wichtig, sein grundsätzliches Ziel und seine Grundlagen stets im Auge zu behalten und sein Handeln daran auszurichten. Dazu braucht es dann ein ausgeprägtes Durchhaltevermögen, ohne das solche Kontinuität nicht zu ermöglichen wäre. Schließlich gibt es ja nicht nur die kurzfristig umsetzbaren Pläne oder Wünsche, manches braucht doch einfach seine Zeit.

Ein gesundes Selbstvertrauen ist eine perfekte Grundlage für sichere Entscheidungen und konsequentes Handeln. Es gibt Personen, die haben das von Kindesbeinen an und sind selten von Zweifeln bedroht. „Ich schaffe das schon" oder „Alles wird gut, ich bin ja dabei" lautet ihr Credo. Selbstvertrauen ist ungemein wichtig, aber in den meisten Fällen muss man es sich erst erwerben durch Bestätigungen für das eigene Handeln, durch Erfolge im Innen und Außen. Dann allerdings kann man sich meistens auch darauf verlassen. Selbstvertrauen ist ein sehr geschätztes Mitglied in jedem kompetenten Team.

Man könnte sagen, dass die Entschlossenheit ein Geschwister ist vom Mannschaftsmitglied Selbstvertrauen. Denn zur Entschlossenheit gehört die sichere Überzeugung, dass das eigene Tun oder die Absichten richtig und erfüllbar sind und dass man sein gestecktes Ziel erreichen kann. Mit Starrsinn sollte das aber nicht verwechselt werden.

Soziale Kompetenz ist ein sehr angesehenes Mitglied in der Vertrauensmannschaft. Diese wichtige Eigenschaft kann man sich erwerben oder auch von Natur aus damit ausgestattet sein. Es bedeutet ja, die Menschen, mit denen man im Alltag Berührungspunkte hat, zu respektieren, sie ernst zu nehmen und im eigenen Verhalten rücksichtsvoll damit umzugehen. Jedenfalls grundsätzlich. Natürlich darf man auch einmal so richtig wütend sein, das tut der sozialen Kompetenz keinen Abbruch. Wer über diese Eigenschaft verfügt, ist ein kompetenter Verhandlungsführer, kann Kompromisse aufbauen und Bündnisse schließen. Ein Hoch auf die soziale Kompetenz also! Im Umgang mit Freunden, Verwandten oder der Familie gilt das ganz genauso.

Ist Ihnen bei der bisherigen Lektüre schon klar geworden, welche dieser Mitglieder in Ihrem Team zu finden sind?

Bitte lassen Sie sich Zeit, denn es gibt noch sehr viel mehr in einem ganzen Leben bis zum „Alter".

Bei der Suche danach hilft es oft weiter, wenn man sich an bestimmte Entwicklungen erinnert oder an schwierige Entscheidungen, die zu treffen waren, oder an besondere Erfolgserlebnisse im Leben – und dann überlegt, welche

Eigenschaft wohl am meisten dazu beigetragen hat. Im Alltag sind diese Eigenschaften mitunter ein wenig schwieriger zu entdecken, aber dennoch mindestens genauso wichtig, denn meistens findet ja Alltag statt, die großen Ereignisse sind ja eher selten.

Sie möchten noch mehr als Beispiel genannt haben? Ehrlichkeit, Härte, Geduld, Offenheit, Toleranz, Kompromissfähigkeit, Entscheidungsfreude, Zuversicht, Strukturiertheit, Spontaneität, Kreativität. Aber Sie werden in Ihrem eigenen Team sicher noch weitere finden, die ganz speziell nur für Sie zur Verfügung stehen.

Nun sind wir auf der Suche und wollen eine Mannschaft mit speziellen Aufgaben zusammenstellen. Diese Mannschaft soll ausgerichtet sein auf die Wünsche, Bedürfnisse und Ziele, die im „Alter" für Ihr Leben in den nächsten 30 Jahren von Bedeutung sind. Wie wir gesehen haben, können die sich maßgeblich unterscheiden von jenen aus den jungen Jahren.

So kann es sein, dass zum Beispiel Ehrgeiz und Leistungswillen maßgeblich am Erfolg im frühen Leben beteiligt waren. In der Lebensphase „Alter" gehören diese Mitglieder aber sehr wahrscheinlich eher in die zweite Reihe oder bekommen die wichtige Aufgabe eines Beraters. Deshalb gilt die alte Boxerweisheit „Never change a winning team" an dieser Stelle leider nicht uneingeschränkt.

Und deshalb ist es wichtig, die Mannschaft mit Sorgfalt und Überzeugung auszuwählen, die Sie jetzt sicher durch die Lebensphase „Alter" geleiten soll. Das ist nicht einfach so im Vorbeigehen zu erledigen. Ich bitte Sie deshalb noch einmal um Geduld dabei, und ich versichere Ihnen, dass sich dies auszahlen wird, mit Sicherheit.

Einen Vorschlag möchte ich an dieser Stelle aber schon einmal machen. Vielleicht schaffen Sie sich ein Sicherheitsteam, eine Mannschaft, die Sie rund um die Uhr überall und zu jeder Zeit begleiten soll.

Sehr bewährt hat sich dabei ein ganz spezielles Team: Wenn künftig rechts von Ihnen die Sicherheit geht und sich links von Ihnen die Gelassenheit findet, wenn zudem hinter Ihnen dann die Zuversicht wäre und vorauseilend schließlich noch der Mut, dann wäre mir um Ihr Wohlergehen gar nicht bange!

Übersicht

Das eigene Kompetenzteam hat sich bereits sehr bewährt.
Für die Lebensphase „Alter" können dabei sehr hilfreich sein:

- Neugierde,
- Mut,
- Durchhaltevermögen,
- Zielstrebigkeit,
- Konfliktfähigkeit,
- Selbstvertrauen,
- Flexibilität,
- Ehrgeiz,
- Entschlossenheit,
- soziale Kompetenz,
- Kompromissfähigkeit,
- Offenheit,
- Toleranz,
- Zuversicht,
- Kreativität,
- Entscheidungsfreude,
- Strukturiertheit,
- Ehrlichkeit.

Sichere Wege in die Unbekömmlichkeit

Wollte man eine Rangliste aufstellen, welches Verhalten mit absoluter Sicherheit in die Unbekömmlichkeit hineinführt, dann stünde er absolut sicher ganz oben an der ersten Stelle:

der Vergleichsmodus.

Dabei ist er Ihnen fast lebenslang bereits bekannt als Begleiter durch den Alltag. Denn er ist ein Maßstab, eine vergleichende Messlatte, die wir nahezu ohne Unterlass anlegen und die auch genauso oft an uns angelegt wird.

Im frühen Kindesalter beginnt das bereits mit der Frage: „Schläft dein Kind eigentlich schon durch? Also mein Kind lege ich um acht Uhr abends in sein Bett, und dann haben wir bis zum Morgen unsere Ruhe". Eltern wissen, dass so eine Aussage fast immer unwahr ist. Das setzt sich dann natürlich immer weiter fort: Wer kann wann schon laufen, wer sagt zuerst „Mama" oder „Papa", wer sitzt bereits am Tisch, um dort zu essen. Diese Beispiele mögen genügen für den Hinweis, wie früh wir solchen Messlatten bereits ausgeliefert sind und sie eben auch selber einsetzen.

In den folgenden Lebensjahren geht es dann fast immer um Vergleiche: im Sport, bei den Noten in der Schule. Es geht darum, wer die meisten Freunde hat, wem vielleicht schon ein Busen wächst, wer die weiteste Fernreise macht oder wer vielleicht schon einen Führerschein erworben hat für ein Kleinkraftrad.

Und so geht das immer weiter über den beruflichen Erfolg, den sozialen Status oder die materielle und finanzielle Ausstattung. Wir leben geradezu mit und durch den Vergleich.

An anderer Stelle haben wir schon einmal auf die Bedeutung von Vergleichen hingewiesen. Vergleiche müssen auch nicht immer nur von Nachteil sein. So ein Vergleich kann ja den Ehrgeiz wecken, die eigene Leistung zu verbessern, sich intensiver und konsequenter für seine Ziele einzusetzen oder eine neue Richtung mit einem neuen Ziel zu wählen. Wahrscheinlich wird das jeder von Ihnen bestätigen können.

Es passiert aber auch gar nicht selten, dass sich der Vergleichsmodus mehr nachteilig für das eigene Empfinden auswirkt. Gefühle, die dadurch aktiviert werden können, heißen dann vielleicht Unzufriedenheit, Enttäuschung, Wut, Neid oder Trauer. Auch an solche Situationen werden Sie sich erinnern können.

Besonders fatal oder betrüblich ist ein solches Ergebnis vor allem dann, wenn man selbst zuvor mit dem Ergebnis, das man – auf welcher Ebene auch immer – erzielte, zufrieden war. Und erst ein Vergleich hat es dann anders und unbekömmlich gefärbt.

Ich habe den Eindruck, dass die Vergleichsmesslatte im „Alter" nicht nur besonders häufig genutzt wird, sondern dass im Ergebnis dann auch besonders häufig die zuletzt beschriebenen Resultate zu finden sind. Man hört nur selten: „Wie toll, dass ich jetzt so viel mehr Zeit für mich zur Verfügung habe" oder „Es ist wunderbar, dass ich im Vergleich mit den Nachbarn doch wirklich sehr gesund bin" oder auch „Wenn ich sehe, wie viel Druck die Leute heute mit dem ständigen Wechsel auf allen Ebenen aushalten müssen, bin ich doch sehr froh, dass ich alledem nicht mehr ausgesetzt bin". Stattdessen gehen die Gedanken mehr in die defizitäre Richtung. Beim Blick in den Spiegel entdeckt man Falten, matte Augenlider und graues Haar und denkt bei sich „Mein Gott, wie verändert doch das Alter mein früher so beneidenswertes Aussehen".

Besonders betroffen von den äußerlichen Veränderungen sind natürlich Menschen, denen eben das in frühen Jahren Mittelpunkt gewesen ist. Schauspieler, Models oder Entertainer haben oft ganze Zimmer mit alten Fotografien gefüllt, um ihre Defizite und den Verlust der Jugend immer wieder neu und besonders eindrucksvoll zu erleben mit dem Gedanken „Wie habe ich früher doch alle Damen oder Herren in meinen Bann gezogen, und wie sehe ich heute aus? Ein Jammertal ist das!"

Bei Leistungssportlern sind es oft Pokale und Urkunden, die Wände, Regale und Vitrinen füllen. Auch auf diese Weise wird man im Vergleich ständig an die veränderte Leistungsfähigkeit im „Alter" erinnert und erlebt Verbitterung und Enttäuschung jeden Tag aus Neue.

Dabei wäre es in der Theorie natürlich auch möglich, sich immer wieder aufs Neue über das Erlebnis, den Erfolg oder das Aussehen von damals zu freuen. Das bleibt aber mehr die Theorie.

Indes muss man gar kein irgendwie besonders bekannter oder erfolgreicher Mensch gewesen sein, um in die Vergleichsfalle zu tappen. Denn wie oft hört man: „Früher war doch alles viel schöner" oder „Früher gab es noch Respekt" oder „Früher waren die Sommer noch warm" oder „Früher hat man sich noch um den anderen gekümmert" oder „Früher war alles viel günstiger". Schaut man einmal genauer hin und vergleicht dann tatsächlich „früher" mit „heute" in dem beschriebenen Bereich, so findet man fast immer, dass es früher eben leider überhaupt nicht wirklich besser war. Aber das spielt im Vergleichsmodus gar keine Rolle. Denn man hat es eben anders erlebt und diese Gefühle dann auch so in der Erinnerung gespeichert.

Immer aber weicht Zufriedenheit im täglichen Erleben auf solcher Ebene der Unzufriedenheit, der Trauer oder der Verbitterung für die Lebensphase „Alter", die doch auch so manche andere Perspektive zu bieten hat.

Wirklich bekömmlich sind Vergleiche auf dieser Ebene nie. Ein sehr wirksames Gegenmittel wäre hier die Achtsamkeit für alles das, was ist. Darauf kommen wir noch an anderer Stelle zurück.

Im Gefolge des Vergleichsmodus zeigen sich gerne auch der Anspruch und die Erwartungshaltung.

Vergleiche hinken mächtig. (© Claudia Styrsky 2021)

Es gibt zahlreiche Hintergründe für diese Entwicklung, aber viele Menschen erwarten in dieser Zeit, dass es ihnen stets gut gehen muss – das stünde ihnen gleichsam zu – und dass immer alles noch besser werden muss. Das mag auch mit einer etwas überholten Vorstellung vom steten Wirtschaftswachstum zusammenhängen.

Grundsätzlich bedeutet es aber die Haltung, dass alles so bleiben muss, sich alles so fortsetzen muss, wie es bis dahin gewesen ist, also bis das „Alter begann. Und davon betroffen sind alle Lebensbereiche: die Gesundheit, der wirtschaftliche Hintergrund, die Beweglichkeit, die Leistungsfähigkeit oder die Mobilität".

Das kann natürlich gar nicht sein. Wie wir bereits besprochen haben, ist Leben auch stete Veränderung. Und jede Lebensphase hat ihre eigenen Schwerpunkte und Gegebenheiten. Das gilt für jedes Lebensalter und nicht nur für das „Alter". Und weil, wie wir bereits erfahren haben, die Lebensphase „Alter" in einigen Bereichen sogar einen vermehrten Einsatz fordert, gehen natürlich

Erwartungen, Anspruch und Wirklichkeit recht weit auseinander.

Man kommt also nicht darum herum, wenn es um eine bekömmliche Lebensführung geht: Anpassungen sind erforderlich, anders wird das nicht zu machen sein.

In der Lebensphase „Alter" sieht man häufig einen freiwilligen Rückzug vom alltäglichen Leben. Das kann sich auf das soziale Umfeld beziehen, dem man sich nicht mehr so zugehörig fühlt, weil man ja nichts mehr zur Gemeinschaft beiträgt, sondern nur noch kostet und der Gemeinschaft damit gefühlt zu Last fällt. Das kann sich auch auf eigentlich alltägliche Tätigkeiten beziehen, die man nun nicht mehr ausführen oder leisten möchte. Man ist ja schließlich jetzt alt. In landwirtschaftlichen Betrieben wird dieser Lebensabschnitt meistens durch die Übergabe des Betriebes an die nachfolgende Generation eingeleitet und dokumentiert. Man begibt sich dann auf die „Abnahme" oder das „Altenteil". Geradezu glücklicherweise ist die Personalsituation in der Landwirtschaft oft so beschaffen, dass der Altenteiler zwingend mitarbeiten muss, weil die Arbeit sonst unmöglich zu schaffen wäre.

Zum Ausgleich gibt es inzwischen in jeder Gegend auch Veranstaltungen, gemeinsame Unternehmungen, die für die Lebensphase „Alter" angeboten werden. Als Träger fungieren dann die Kirche oder die Städte und Gemeinden. Der Nachteil solcher Veranstaltungen ist allerdings, dass man sich nur unter Menschen aus dieser Altersphase befindet und sich denn eben auch nur in diesem Kreis als ebenso alt erlebt. Dabei spielt es dann keine Rolle, ob man sich selber jünger, fitter oder wacher fühlt, alt ist dann meistens eben alt.

Bei Sportvereinen werden erfreulicherweise heute zunehmend auch Angebote für gemischte Altersgruppen mit Tanz oder Gymnastik auf die Veranstaltungslisten gesetzt.

Besonders beliebt zu sein scheint aus der Außenperspektive der häufige Besuch von Arztpraxen aller Fachrichtungen. Aus den angesprochenen Gründen kommt es im „Alter" schon häufiger zum Auftreten von Krankheiten. Aber das Ausmaß der Arztbesuche erklärt sich dadurch dennoch nicht. Während man in ländlichen Strukturen in einer Praxis häufig auch Bekannte trifft und so ein geselliger Austausch neuester Informationen möglich ist, fällt das in anonymen Städten wenig ins Gewicht.

Nach den Unterlagen der Krankenkassen sind sehr viele dieser Arztbesuche medizinisch gesehen überflüssig. Weshalb finden sie denn trotzdem statt? Dafür gibt es einen triftigen Grund, und der heißt Delegation. Die Verantwortung für das Wohlbefinden wird in einem solchen Fall an den Arzt delegiert. Wenn in jungen Jahren ein gezerrter Muskel mit ein wenig Salbe versorgt und nur noch leichter Bewegung ausgesetzt wurde, nimmt man nun einen Arzt dafür in Anspruch. Und das gilt für viele andere Bereiche auch, die eigentlich Bagatellen sind.

Man gibt die Verantwortung für einen wichtigen Bereich seines Lebens, die Gesundheit, deutlich mehr ab, als es notwendig wäre. Das ist dann ein weiterer, aktiv eingeleiteter Weg in die Unselbstständigkeit. Ungerechterweise wird die Ursache dafür dann allerdings wieder dem ungeliebten „Alter" zugeschoben.

Natürlich ist es notwendig, bei dringenden gesundheitlichen Problemen einen Arzt zu konsultieren. Aber genauso ist es von erheblicher Bedeutung, durch eigenes Handeln Beschwerden aus dem Alltag selber zu versorgen, seine Belastung anzupassen, die Ernährung vernünftig einzustellen und für ausreichende Bewegung in der frischen Luft zu sorgen. Das stabilisiert den Selbstwert und die Selbstbestimmtheit in der Lebensphase „Alter" – Delegieren um jeden Preis tut es hingegen nicht.

Einen erheblichen Einfluss auf die Lebensqualität im „Alter" können Altlasten und offene Rechnungen haben. Damit sind keine finanziellen Außenstände gemeint – wenngleich auch die sehr belastend sein können –, sondern innere Spannungsfelder, die offenen Konflikten geschuldet sind.

Vielleicht ist einem vor vielen Jahren ein Unrecht in irgendeiner Form widerfahren, gegen das man sich nicht wirklich wehren konnte. Möglicherweise hat man auch eine lange erwartete oder erarbeitete Belohnung nicht bekommen. Die hat stattdessen ein anderer erhalten, der dann auf dem Arbeitsplatz befördert wurde.

Solche Ereignisse können über lange Jahre Wut und Enttäuschung in ein Leben bringen und es damit mental vergiften. So können besonders Erbstreitigkeiten unter Geschwistern für jahrzehntelange, hasserfüllte Fehden sorgen. Aber manche Menschen fühlen sich vom Leben auch einfach insgesamt ungerecht behandelt, weil sie nicht bekommen haben, was sie verdient zu haben glaubten.

Mitunter verzeiht man sich auch eigene Fehler nicht, die folgenschwere Konsequenzen hatten.

Unglückselig dabei ist nur, dass Menschen, die solche alten Lasten und Gefühle in sich tragen, nur einem wirklich schaden, nämlich sich selbst. Oder wie es auch zu lesen ist: Wer einen anderen Menschen hasst, verhält sich so, als würde er ein starkes Gift trinken in der Hoffnung, dass der andere daran stirbt. Dabei stirbt immer nur ein Teil des eigenen freudvollen und etwas unbeschwerten Lebens, ändern tut sich am Sachverhalt rein nichts.

Frieden und Ruhe kommen erst nach Vergebung und Verzeihen. Wobei es nicht darum geht, im vielleicht christlichen Sinne die Wut für erlittenes Unrecht durch Liebe zu ersetzen. Wie sollte das wohl möglich sein. Es geht vielmehr um eine positiv resignative Akzeptanz: Ich kann es nicht mehr ändern, also akzeptiere ich es so, wie es ist.

Und ich verlege diesen Vorgang von einem alltäglichen Erleben in mein inneres Archiv. Denn im Alltag benötige ich ihn nicht mehr.

Ein Sprichwort sagt: „Steter Tropfen höhlt den Stein". So ist es auch mit Missverständnissen und Vorurteilen. Sie müssen nur oft genug wiederholt werden, dann glaubt man sie am Ende selbst, auch wenn man es eigentlich viel besser weiß.

Ein typisches Beispiel ist die Rentenlüge. Vor allem junge Leute glauben immer wieder, dass sie zu Kasse gebeten werden, damit die Rentner in Saus und Braus leben können. Was für ein gigantischer Irrtum, was für eine unsägliche Unterstellung. Zum einen wurden vom Kindergarten über die Schule bis zum Studium der jungen Leute ausnahmslos alle Ausgaben von den späteren Rentnern getragen und bezahlt. Und zum anderen hat jeder dieser Ruheständler jeden Cent sein Leben lang in die Rentenkasse eingezahlt. Das geschah zu einem unglaublich schlechten Zinssatz und wurde in der Rückzahlung oft immer mehr prozentual am Anteil auch gekürzt.

Wenn die Regierung dieses Geld für andere Zwecke ausgibt, was ja gar nicht selten ist, dann liegt das allein in ihrer Verantwortung – es mindert aber in keinem Fall jenen Betrag, der von den Menschen mit Ruhegeld wegen „Alter" seit 40 Jahren und mehr einbezahlt worden ist. Die Auszahlungen haben dann oft den Hauch von Almosen und Geschenken. Das ist mitnichten der Fall, jeder Euro wurde Monat für Monat in diese Kasse eingezahlt.

Es ist also absolut nicht haltbar und notwendig, dass jemand seine Rente mit einem schlechten Gewissen oder einem Schuldgefühl in Empfang nimmt, auch wenn man immer wieder davon hört. Beschimpfungen oder Vorwürfe seitens der Jugend sind daher grotesk, denn gerade die junge Generation hat im ersten Drittel ihres

Lebens nur gekostet, eingezahlt wurde von ihnen noch kein einziger Cent.

Natürlich gäbe es noch weitere Beispiele, die angeführt werden können und mit denen man sich das „Alter" so richtig nachhaltig vergällen kann.

In jedem Fall sollte jeder Mensch in der Lebensphase „Alter" sich sehr klar darüber werden, dass Veränderungen in Richtung Bekömmlichkeit für diesen Abschnitt des Lebens von außen nur in sehr geringem Maße zu erwarten sind. Darum muss man sich schon selber kümmern. Aber war das nicht schon das ganze Leben so?

Übersicht

Sichere Wege in die Unbekömmlichkeit:

- Vergleichsmodus mit jungen Jahren
- „Früher war alles viel besser"
- Stete Unzufriedenheit
- Fokus auf Defiziten
- Glorifizierung der eigenen Vergangenheit
- Unrealistische Erwartungen
- Rückzug aus dem täglichen Leben
- Abgabe von Verantwortung in sicheren Bereichen
- Verzicht auf leistbare Alltagsaufgaben
- Altlasten aus der Vergangenheit festhalten
- Ärger und Wut lebendig halten
- Arztbesuche bei Banalitäten

Weiterführende Literatur

Jens Friebe, Bernhard Schnidt-Hertha, Rudolf Tippelt(Hrsg), Kompetenzen im höheren Lebensalter, Ergebnisse der Studie „Competences in Later Life (CiLL)

Thorsten Nikolaus, Chancen und Freiheiten im Alter, in Älter-werden, Seite 97-140, Springer-Verlag (1993)

Andreas Kruse, Ursula Lehr, Reife Leistung. Psychologische Aspekte des Alterns, Funkkolleg Altern, Seite 187-238, VS Verlag für Sozialwissenschaften (1999)

Bekömmliche Wegweiser

In den bisherigen Abschnitten haben wir schon ebenso zahlreiche wie unterschiedliche Perspektiven zum „Alter" kennenlernen können.

Und da ich Ihre Motivation zur Lektüre dieses Buches nicht kenne, gehe ich einmal davon aus, dass es Ihnen neben dem Verständnis von den Zusammenhängen und Hintergründen sehr wahrscheinlich auch um die Antwort auf die Frage geht, wie denn diese Lebensphase am besten bekömmlich zu gestalten sei. Wir reden dabei ja über einen Zeitraum von durchschnittlich 20 bis 30 Jahren, der hier zu gestalten ist. Dafür werden Sie in diesem Abschnitt zahlreiche Wegweiser, Einladungen und Perspektiven finden können.

Wir werden versuchen, dabei möglichst gründlich vorzugehen. Und Sie entscheiden dann wie bisher auch, was für Sie von Nutzen sein könnte und was für Sie so nicht vorstellbar ist.

© Der/die Autor(en), exklusiv lizenziert durch Springer-Verlag GmbH, DE, ein Teil von Springer Nature 2021
W. Blohm, *Das Alter – Impulse für die bessere Hälfte*,
https://doi.org/10.1007/978-3-662-63322-9_5

Auch in dieser Phase bitte ich Sie herzlich um Geduld. Sie müssen keinesfalls alles im Schnelldurchgang lesen, und schon gar nicht müssen Sie sich im gleichen Tempo dann auch noch entscheiden. Nehmen Sie sich vielmehr in aller Ruhe die Zeit, die Sie für angemessen halten. Denn davon gibt es ja genug. Lassen Sie sich den einen oder anderen Gedanken durch den Kopf gehen, spüren Sie in sich hinein, welche Gefühle Sie dabei entwickeln und ob es so für Sie stimmig ist und in diesem Sinn auch passt.

Und bitte bedenken Sie dabei auch, dass keine Entscheidung endgültig ist auf Ihrem Weg zu einem bekömmlichen „Alter". Denn was Sie heute vielleicht eher ablehnen, ist in einiger Zeit womöglich genau Ihr Wunsch, weil die Bedingungen oder Ihre Wünsche sich geändert haben. Erleben Sie mit Freude die Flexibilität, die das „Alter" ihnen bietet.

Wenn wir diese Sache gründlich anpacken, birgt das naturgemäß auch manch eine Gefahr. Denn es wird dabei vielleicht auch langjährig Gewohntes, Vertrautes und Automatisiertes auf den Prüfstand kommen.

Wären Sie dazu bereit, dieses Risiko mit mir zu tragen?

Beginnen sollten wir dabei wohl mit einem gründlichen Aufräumen Ihres bisher gelebten Lebens. Das hört sich entsetzlich komplex und schwierig an, ist es aber nicht, es sei denn, Sie möchten es sehr umfangreich gestalten.

Statt des Wortes „Aufräumen" hätte ich auch „Bilanz ziehen" schreiben können. Das wäre mir aber zu buchhalterisch. Dabei geht es natürlich auch um einen gewissen Abgleich. Im Mittelpunkt sollte aber die Klarheit stehen, eine Art neutrale Betrachtung, soweit das denn im eigenen Leben überhaupt so möglich ist.

Wie schaut es denn aus einer solchen Perspektive und mit etwas Distanz aus, Ihr Leben? Sind Sie zufrieden mit dem Verlauf? Gefällt Ihnen das Ergebnis bis zu diesem

Zeitpunkt? Haben Sie mehr hineingesteckt als Sie herausbekommen haben, oder ist es umgekehrt? Oder befindet sich das Ganze ungefähr im Gleichgewicht?

Dabei sind jetzt nicht die üblichen Schwankungen gemeint, die sich als Auf und Ab in jedem Leben finden. Es geht uns auch nicht um Erbsenzählerei. Es geht darum, was Sie bei einer kurzen Rückschau im Zeitraffer spontan als Bewertung finden. Denn dieses Gefühl wird dann darüber entscheiden, mit welchem Schwerpunkt Sie Ihr „Alter" fürderhin gestalten möchten.

Sind Sie zufrieden, dann wird es kaum an erster Stelle um Defizite gehen. sondern um den Erhalt, um das Entdecken neuer Möglichkeiten oder um die Erweiterung des Horizontes, um einige Beispiele schon einmal vorab zu nennen.

Sind Sie dagegen unzufrieden und spüren eine negative Bilanz, dann lautet der Schwerpunkt für die nächste Phase ganz klar: Wie gestalte ich die Jahre jetzt so, dass im Schwerpunkt nicht der Einsatz, sondern der Ertrag zu finden ist?

Das Wort „Gerechtigkeit" sollte bei diesen Überlegungen indes keine Rolle spielen, denn ohne jeden Zweifel ist das Leben keinesfalls und nirgendwo gerecht. Es geht um Orientierung, und nun kann – wenn Sie das möchten – ein grundsätzlicher Schwerpunkt in der Ausrichtung gefunden werden.

Ziehen Sie einmal Bilanz, an welchen Punkten und mit welchen Ergebnissen Sie mit ihrem Leben und seiner Entwicklung zufrieden sind. Das ist dann eine Zufriedenheitsbilanz. Alle Eigenschaften und Faktoren, die eine positive Bilanz ermöglichen, sollten auch in der neuen Lebensphase beibehalten werden. „Never change a winning team", außer wenn sich die Umstände geändert hätten.

Und da wir gerade beim Aufräumen sind, schlage ich eine weitere Ordnungsmöglichkeit vor. Die fällt dann schon ein wenig differenzierter aus als die erste:

Es geht darum festzulegen, was Sie in der Lebensphase „Alter" auf keinen Fall aus der Vergangenheit mitnehmen möchten.

Das kann die unterschiedlichsten Gründe haben. Vielleicht sind Sie einfach etwas leid, womit Sie sich schon über die Zeit langweilen oder sich womöglich auch ärgern. Das können so lästige Angewohnheiten wie zum Beispiel das Rauchen sein. Vielleicht haben Sie auch eine pseudofreundschaftliche Beziehung, bei der immer nur Sie den Anstoß für Kontakte geben müssen und Sie von der anderen Seite von sich aus so gar nichts hören.

Vielleicht gibt es auch Situationen, die solch einen intensiven Eindruck in ihrem Leben hinterlassen haben, dass Sie sagen: Das passiert mir garantiert nie wieder.

Manche Erinnerung kann den Alltag auch jahrelang belasten. Da kann man sich dann entscheiden, für das „Alter" zum Beispiel ein inneres Archiv anzulegen. Das Leben lässt sich ja nicht umschreiben, was geschehen ist, das ist geschehen. Aber was ins Archiv verlagert wird, das steht im Alltag dann nicht mehr zur täglichen Verfügung. Das kann sehr erleichternd sein und Klarheit schaffen.

Insgesamt werden es wahrscheinlich nicht unüberschaubar viele Ereignisse, Gegebenheiten oder Erinnerungen sein, die im Alter keine Rolle mehr spielen sollen. Aber wer beim Aufräumen ist, kann das ja auch gründlich machen, oder sehen Sie das anders?

Und dabei wollen wir auch die andere Seite nicht vergessen, denn ihr Leben ist sicher auch mit angenehmen, wohltuenden und erinnerungswerten Wendungen und

Inhalten versehen. Schauen Sie doch einmal, worauf Sie künftig nicht verzichten möchten.

Dabei allerdings gilt es den Hinweis zu beachten – er wurde ja bereits erwähnt –, dass keinerlei Anspruch darauf besteht, dass alles Gute und Bekömmliche immer in alle Ewigkeit so zu bleiben hat. Das wäre ein fataler Irrtum, auf einen solchen Stillstand zu setzen. Wie wir alle wissen, ist das Leben ständige Veränderung, die Anpassung und Flexibilität erwartet.

Aber wenn es Ihnen immer ein glückhaftes Erleben war, einen Waldspaziergang zu unternehmen, sollten Sie auch im „Alter" darauf nicht verzichten. Oder wenn Sie ihre Enkel lieben, dürfen Sie das natürlich auch weiterhin tun, auch wenn sich diese Beziehung im Laufe der Jahre verändern wird.

Auch Freizeitbeschäftigungen wie etwas das Fotografieren, Malerei jedweder Art oder Arbeit im Garten sollten, wenn sie freudvoll sind, sehr gerne beibehalten werden.

Ebenso sind Erinnerungen, die nicht primär ob des Verlusten Bedauern hervorrufen, sondern Freude wieder erleben lassen, durchaus gerne gesehene Gäste im Alltag des „Alters". Nur sollte man die Wirklichkeit und den Moment darüber nicht vergessen.

Wenn Sie mir bis hierher folgen mochten, sind grundsätzliche und auch richtungsweisende Entscheidungen für eine bekömmliche Altersgestaltung schon getroffen. Und Sie haben den ersten Schritt zur Nutzung von Zeit und Raum bereits vollzogen. Von beidem gibt es im „Alter", wie wir wissen, genug.

Gehen wir also einen weiteren Schritt in diese Richtung.

Übersicht

Es ist von großer Bedeutung, sich diese wunderbare Lebensphase des „Alters" nicht mit Altlasten und „offenen Posten" aus der Vergangenheit zu erschweren. Es gilt, sich von unnötigem Ballast zu trennen. Die Wege zum Loslassen heißen:

- Akzeptanz,
- Verzeihung,
- Vergebung,
- positive Resignation: ist nicht zu ändern, lohnt keine Aktivitäten und keinen Einsatz.

Selbstbestimmte Gesundheit

Bekömmlichkeitsgestaltung liegt in der eigenen Verantwortlichkeit. Wir reden jetzt über einen weiteren Bereich, in dem Eigenverantwortlichkeit sehr groß geschrieben wird. Ganz im Gegensatz dazu wird aber dieser Bereich – wie bereits erwähnt – sehr häufig delegiert.

Über die Gesundheit reden wir hier.

Falls Sie schon immer in Ihrem Leben aktiv zur Erhaltung von Körper und Seele beigetragen haben, wird ihnen sicher vieles ebenso vertraut wie bereits gewohnt sein. Aber vielleicht wollen Sie auch schon seit Jahren etwas ändern, weil Sie mit Ihrer Ernährung unzufrieden sind, Übergewicht abbauen wollen oder einfach fitter werden möchten.

Im Ganzen handelt es sich ja um drei Säulen, die nachhaltig Einfluss auf unsere körperliche Verfassung nehmen: die Ernährung, die Bewegung und das Gleichgewicht Anspannung und Entspannung.

Über die Ernährung kann man in unzähligen Quellen etwas auch gerade im „Alter" finden. Grundsätzlich soll sie ausgeglichen sein, sie soll einen minderen Anteil an Fett enthalten und überwiegend pflanzlich ausgerichtet sein, Vitamine und ausreichend Flüssigkeit sind von Bedeutung.

Ich empfehle Ihnen, sich bei Bedarf bei den entsprechenden Anlaufstellen einmal gründlich zu informieren.

In jedem Fall sind die sognannten Nahrungsergänzungsmittel fast immer überflüssig, mit Ausnahme von bestimmten Stoffwechselerkrankungen und Defiziten. Eine ausgewogene Ernährung braucht weder zusätzlich Vitamine, Mineralien oder anderes aus der Palette in der Apotheke, die damit Milliarden Umsätze generiert, ohne wirklichen Nutzen zu garantieren. Ganz im Gegenteil bergen manche Vitamine und Mineralien erhebliche Gefahren bei Überdosierungen, die dann wirklich krank machen.

Lassen Sie sich nicht von absurder Werbung einreden, welche Wunder diese weitgehend nutzlosen Präparate vollbringen. Keine Versprechungen werden eingehalten, außer jenem, dass Sie Ihr Geld dafür loswerden. Das geschieht immer, und die Preise sind zum Teil absurd.

Nehmen Sie also Ihre Ernährung in die eigene Hand und delegieren das nicht an den Apotheker. Informieren Sie sich, stellen Sie Ihre Ernährung darauf ein, und lassen Sie sich von niemandem Zusätzliches aufschwatzen. Werden Sie ihr eigener Ernährungscoach für eine gesunde und abwechslungsreiche Kost. Das spart Geld, stärkt ihre Selbstbestimmtheit, trägt maßgeblich zu Ihrer Gesunderhaltung bei und macht Sie unabhängig. Gut, dass im „Alter" ausreichend Zeit ist, die man dergestalt sinnvoll und gewinnbringend nutzen kann.

Auch bei der Bewegung sollten Sie sich entscheiden, welchen Weg Sie gehen möchten, und das im wahrsten Sinne des Wortes.

Wer es gewohnt ist, jeden Tag einen Spaziergang an frischer Luft zu machen, hin und wieder in der Woche zu joggen, einmal in der Woche Gymnastik zu betreiben oder vielleicht auch Tennis zu spielen oder zu schwimmen, der wird das auch im „Alter" ganz bestimmt nicht missen wollen. Denn es ist ein wunderbares Gefühl, sich beweglich zu fühlen und geschmeidige Bewegungen machen zu können. Denn nach innen und außen ist dies das Maß der Dinge für ein junges „Alter" oder eine alte „Jugend".

Wer in den Jahren vor dem „Alter" weder Zeit noch Lust hatte, sich auf sportlicher Ebene zu betätigen, kann sich natürlich bei Bedarf zunächst Rat einholen. Das kann ein Gesundheitscheck beim Arzt sein mit einem Herz-Kreislauf-Test und einigen basalen Blutuntersuchungen. Dann hat man zum einen die Sicherheit, normal und angemessen belastbar zu ein. Zum anderen fällt dann aber die Ausrede weg, dass man Bewegung und Sport aus gesundheitlichen Gründen leider nicht in Anspruch nahmen kann.

Sollte es körperliche Einschränkungen geben, ist ein solcher Check ebenfalls hilfreich. Denn man erfährt dabei, auf welchen Gebieten oder in welcher Sparte man vorsichtig sein muss und wo man vollen Einsatz bringen kann. Und beides ist ja wichtig.

Es gibt eigentlich nur einen Zustand, in dem Bewegung überhaupt nicht möglich ist: Richtig, das ist der Tod.

Bewegung bewirkt so sehr viel Gutes in unserem Körper. Herz und Kreislauf werden gestärkt, das ist in jedem Alter möglich. Die Muskeln gewinnen neue Kraft und fördern die Durchblutung. Der Stoffwechsel wird angekurbelt. Stresshormone werden abgebaut. Atmung und Sauerstoffverwertung kommen auf ein besseres Niveau.

Auf der Risiko- oder Schadensseite findet man dagegen: NULL!

Aber damit das so ist und auch so bleibt, ist natürlich von Bedeutung, dass Anspruch und Wirklichkeit in einem gesunden Verhältnis zueinander stehen. Ein gesunder Ehrgeiz kann also sehr hilfreich sein. Ein zu hoher Anspruch an die eigene Leistungsfähigkeit oder ein Vergleich mit einstmals jugendlicher Leistungsfähigkeit richten dagegen Schaden an. Bleiben Sie also in diesem Sinne auf dem Teppich. Hören Sie auf ihren Körper, wenn er warnend auf Überforderung hinweist. Niemand muss im „Alter" mit übertriebenem Ehrgeiz irgendjemandem noch irgendetwas beweisen.

Halten Sie sich in einem gesunden Rahmen auf, wird der alte Spruch „Sport und Turnen füllt Gräber und Urnen" von Ihnen ad absurdum geführt werden. Und stattdessen werden Sie vor körperlicher Gesundheit und Beweglichkeit geradezu strotzen.

Ein solches Körpergefühl ist im „Alter" gar nicht mit Gold aufzuwiegen und eine perfekte Grundlage für ein bekömmliches Leben.

Wenn Sie zu jenen Menschen gehören, die Signale des Körpers genau zu deuten wissen, wenn Sie in der Lage sind, zu erspüren, wie Sie sich fühlen und was diese Gefühle Ihnen sagen wollen, dann werden Sie mit dem dritten Abschnitt auf dem Gebiet von Gesundheit keine Probleme haben: dem Gleichgewicht von Belastung und Entspannung, von Arbeit und Erholung, von Stress und Erholung.

Zeichen, die ein Körper bei Belastung geben kann, können eine schnelle Atmung sein, ein beschleunigter Puls, angespannte Muskeln, eine warme oder schwitzende Haut. Und das ist auch alles ganz normal. Denn unter Belastung müssen ja viele Systeme aktiviert werden: Der Stoffwechsel wird hochgefahren, um mehr Energie zur

Verfügung zu stellen, die Sauerstoffzufuhr wird verbessert, Hormone wie Adrenalin oder Kortison finden sich vermehrt als „Aktivierungshormone" im Blut. Das alles ist in einem solchem Kontext sinnvoll.

Solch eine Belastung kann durch körperliche Arbeit entstehen, sie kann aber auch psychische Hintergründe haben. Denn wer innerlich unter Stress steht, spürt Reaktionen, die ganz ähnlich sind. Stressfaktoren setzen einen mitunter gewaltig unter Druck. Dabei kann es sich um Termindruck handeln, also darum, dass man zu einer bestimmten Zeit irgendetwas erledigt haben muss. Das kann Erwartungsdruck sein, den man an die eigene Leistungsfähigkeit hat. Die Möglichkeiten sind unbegrenzt.

Die Leistungsfähigkeit des Körpers ist aber nicht unbegrenzt. Denn diese Körperreaktionen sind für Ausnahmesituationen gedacht oder für begrenzten Höchstleistungsbedarf. Fordert man solchen Maximaleinsatz vom Körper, wirkt sich das sehr schädlich aus.

Die Anforderungen im „Alter" mögen von außen zwar geringer sein, im „Innenverhältnis" kann man sich aber sehr intensiv den beschriebenen Reaktionen aussetzen. Deshalb ist es von wirklicher Dringlichkeit, dem Körper und der Seele Ruhephasen zu verordnen, in denen Entspannung und Ruhe wieder Einzug halten kann. Im Idealfall besteht zwischen beiden ein ausgewogenes Verhältnis. Das kann sehr unterschiedlich aussehen. In mancher Altersphase besteht vielleicht hohe Leistungsbereitschaft während 70 % des Tages, der Rest dient – neben den Wochenenden – der Erholung. Ausgewogen kann auch eine hälftige Teilung sein. Und selbst 30 % Leistung und 70 % Erholung oder Ausgleich sind perfekt, wenn es für die eigenen Bedürfnisse und die eigene Leistungsfähigkeit so stimmig und angemessen ist.

Es sind gar nicht wenige Menschen, die solche Zeichen einfach überhören oder sie missachten. Das bleibt allerdings nicht sehr lange ohne Folgen und zieht dann Konsequenzen wie ein Burn-out-Syndrom, hohen Blutdruck oder Herzinfarkt nach sich.

Und da man ja im „Alter", wie wir bereits wissen, die Lasten, Versäumnisse und Folgen der früheren Jahre mitzutragen hat, ist in dieser Lebensphase ganz besonders auf den Ausgleich von Belastung und Entspannung zu sorgen und zu achten. Ich lege Ihnen für diesen Bereich ganz besonders Achtsamkeit ans Herz.

Wobei das dann auch wieder seine Grenzen hat. Die immanenten Gefahren dabei wurden ja bereits angesprochen:

Denn seit zwei, drei Jahren ist geradezu eine Kontrollmanie ausgebrochen. Über Smartwatches oder unzählige Apps auf dem Smartphone wird eine fast lückenlose Überwachung körperlicher Funktionen möglich. Der Puls wird gemessen, die Schrittzahl registriert, täglich werden Vergleiche gezogen, neuerdings kann auch am Handgelenk der Sauerstoffhalt im Blut gemessen und das EKG gecheckt werden. Das ist ja alles gut und schön und hin und wieder auch sinnvoll.

Nur führen alle diese Möglichkeiten auch zu einer sehr häufigen Inanspruchnahme. Und wer minütlich diese Werte misst, bekommt sehr schnell statt der gewünschten Sicherheit den Stress zu spüren. Stress, weil der Wert zu hoch oder anders oder sonst verändert ist: Stress, weil leistungsmäßig eigene Erwartungen nicht erfüllt wurden. Und so gibt es eine Unzahl von Gründen, wie aus der Pseudosicherheit und Kontrolle über die Funktionen des Körpers Angst und Unsicherheit entstehen können.

Auch hier ist das rechte Maß für die Bekömmlichkeit vonnöten!

Übersicht

Lebenslang ist jeder an erster Stelle selbstbestimmt für die eigene Gesundheit verantwortlich. Das sollte auch im „Alter" so bleiben. Weder Apotheker noch Ärzte können diese Aufgabe erfüllen.
Wichtige Aktivposten sind dabei:

- ausgewogene Ernährung,
- abwechslungsreiche Bewegungsmuster,
- allgemeine Aktivitäten,
- Achtsamkeit mit dem Körper,
- normale Körperreaktionen erkennen,
- Vitalfunktionen nur ausnahmsweise kontrollieren (außer im Krankheitsfall),
- Vertrauen auf den Körper und seine Funktionen,
- Balance aus Ruhe und Belastungsphasen.

Partnerschaft im „Alter"

Das nächste Thema, das ich in diesem Kapitel mit Ihnen betrachten möchte, in dem es ja um die bekömmliche Lebensführung im „Alter" gilt, ist der Bereich „Beziehung".

Vielleicht schreckt manch einer jetzt recht irritiert zusammen? Beziehung in dieser Lebensphase auf den Prüfstand stellen, um Gottes Willen: nein!

Bitte keine Panik. Denn zunächst betrifft dieses Thema eine mittelgroße Gruppe von Menschen in diesem Alter gar nicht, weil sie schon vor längerer Zeit die Entscheidung getroffen haben, lieber allein zu leben, oder weil der Partner vielleicht verstorben ist. Da wäre dann die Frage nach der Beziehung zu sich selbst zu stellen, die auch sehr interessant und spannend sein kann.

Grundsätzlich geht es aber zunächst eher darum, das Miteinander von Menschen zu betrachten, die gemeinsam ihr Leben zu gestalten versuchen. Und da zeigt sich in der Lebensphase „Alter" ja eine sehr eingreifende Veränderung: Das Rentenalter naht oder ist bereits eingetreten. Das ist die gravierendste Veränderung im gemeinsamen Leben nach der Hochzeit und der Geburt etwaiger Kinder oder deren Auszug. Denn plötzlich – wenngleich nicht ganz ohne Vorwarnung – leben zwei Menschen auf engem Raum wieder täglich ohne Pause zusammen, von denen beide vorher eine Menge Freiraum hatten. Sind beide Partner einer Arbeit nachgegangen, die außer Haus war, machte jeder dort sein „eigenes Ding"; man konnte dem Partner davon erzählen, gestaltete diesen Raum aber völlig autonom. Das ändert sich nun plötzlich.

Ganz ähnlich ist es auch, wenn ein Partner im Hause tätig war und der andere einem außerhäuslichen Beruf nachging. Denn auch hier lebte der eine sein Leben im Beruf, der andere konnte seine Aufgaben und seine Zeit im Hause frei gestalten.

Und auf einmal mischt sich jemand in die Abläufe ein, schlägt Veränderungen vor, meldet hier und dort Kritik an und alles gerät so aus dem Lot. Einfach ist diese Umstellung wirklich nicht und kann entweder ein paar Wochen dauern oder es kommt zu einem Riesenkrach, bei dem die bisher unter den Teppich gekehrten Konflikte an den Tag kommen und man sich schließlich vielleicht trennt. Alles ist möglich und Zwischenlösungen natürlich auch.

Dieses Problem mit allen seinen Fragen wird sich immer stellen – und das müssen Sie dann auch: sich ihm stellen, denn anders geht es nun mal nicht. Denn für jeden Einzelnen ist das nicht nur ungewohnt und unbequem, wie es Veränderungen zu Beginn ja meistens sind. Jeder verliert mit dem Beruf auch einen Teil seiner Identität, seiner Wertigkeit und Selbstbestätigung. Das gilt sogar auch dann, wenn man im Beruf müde geworden und nicht unfroh ist darüber, dieser Pflicht nun zu entrinnen.

Der Lebensabschnitt „Alter" beginnt also sehr oft mit einer Krise, wenn man das so nennen darf. Zum Glück sind Sie durch das Leben bereits mit Krisen vertraut und auch geübt darin, Lösungen zu finden. Aber natürlich können sich in diesem Zusammenhang auch lange schwelende Konflikte offenbaren und verstärken. Nicht zuletzt deshalb verzeichnen die Gerichte immer häufiger Scheidungen von Menschen um die 60 Lebensjahre. Aber soweit muss es ja nun wirklich gar nicht kommen.

Festgehalten sei zunächst nur, dass die Umstellung auf die Lebensphase „Alter" nicht mit einem Feuerwerk an Lebensfreude für ein Paar beginnen muss. Ausgeschlossen ist das natürlich auch nicht, nur eben sehr selten.

Diese Phase der Umstellung, der Neuordnung von Beziehung und Beziehungen bietet auch eine wunderbare Möglichkeit, sich Klarheit zu schaffen, auch hier einmal in aller Gründlichkeit aufzuräumen und neue Entscheidungen für die nächsten 20 oder 30 Jahre zu treffen mit der Frage: Möchte ich mit diesem Partner wirklich dieses Drittel meines Lebens weiterhin verbringen?

Sie kennen die realen Entwicklungen von Ehen nicht? Dann kläre ich gerne einmal auf. Etwa 60 %, das schwankt gering, sind nach 8–10 Jahren geschieden. In dem gleichen Zeitraum und darüber hinaus leben etwa 30 % in einem Logistikverhältnis, wie es Geschwister tun oder Geschäftspartner. Jeder hat seinen Bereich, und die Logistik ist aufgeteilt. Hin und wieder kann es zu sexuellen Kontakten oder einem Hauch von Zärtlichkeit bei Berührungen noch kommen, das ist dann aber eher selten. 10 % streiten sich beständig, was die Beziehung zusammenhält. 5 % leben gerne zusammen, haben regelmäßig Sex, mit dem sie auch zufrieden sind, und 5 % sind wirklich glücklich mit dem jeweiligen Partner.

Welcher Gruppe ordnen Sie sich denn so ungefähr nach diesem Schema zu?

Unter dem Strich zählt eigentlich nur eines: Der Grad Ihrer Zufriedenheit vereint mit Ihrem Anspruch. Denn eine Trennung bedeutet zwar die Chance für einen Neubeginn, ist aber auch ganz erheblich mit Ungemach verbunden, und das zieht sich mitunter über Jahre hin. Auch eine Beziehung, in der Liebe und Zärtlichkeit nicht mehr zu spüren sind, kann durch Sicherheit, Vertrauen, Verlässlichkeit und Respekt im Umgang miteinander wertvoll sein und die Bedürfnisse erfüllen. Dann ist alles gut.

Und natürlich muss es auch nicht immer Trennung sein. Aber nur wer einmal den Mut hat, genau hinzuschauen, hat auch die Möglichkeit, seine Beziehung zu verbessern und wieder bekömmlich oder liebevoll zu gestalten.

Deshalb schauen Sie sich doch einfach einmal um und tauschen sich mit dem Partner aus, wo Ihrer beider Bedürfnisse, Ansprüche und Erwartungen an Ihre Gemeinsamkeit Erfüllung finden und wo man vielleicht etwas daran verbessern kann. Haben Sie den Mut dazu? Ich kann Sie in einem solchen Sinne nur ermuntern, denn warum sollte man seine Lebensfreude nicht verbessern?

Übersicht

Neue Ordnung in der Partnerschaft unter neuen Lebensumständen ist von großer Bedeutung. Denn beide Partner sind nun stets auf engem Raum präsent. Dabei geht es im Schwerpunkt um:

- Rollenverteilung,
- Zuständigkeiten,

- Aufgabenbereiche,
- Eigenständigkeit wahren,
- Freiräume schaffen und lassen,
- Bedürfnisse artikulieren,
- Grenzen definieren,
- Gemeinsamkeiten,
- Erwartungen erklären,
- Streitkultur entwickeln.

Sexualität im „Alter"

Kommen wir also zum Thema Sexualität im „Alter". Wie ich schon kurz erwähnte, handelt es sich dabei in der Öffentlichkeit immer noch weitgehend um ein Tabu und gilt irgendwie als unappetitlich. Ein Mann wird dann gerne mal als „geiler alter Bock" betitelt, eine Frau als „Schlampe", wenn noch Freude am sexuellen Erleben besteht oder auch gelebt wird.

Wie sieht es denn bei Ihnen aus, haben Sie noch regelmäßig Sex? Die alte Regel, wenngleich immer noch gern zitiert, die Martin Luther zugeschrieben wird, ist ja von Willkür geleitet, denn „In der Woche zwier schadet weder dir noch mir" ist wirklich eine Albernheit. Und dennoch hat sich das durch all die Jahrzehnte irgendwie in den Hirnen und auch sonst gehalten, das ist doch urkomisch, oder?

Wenn ich an dieser Stelle von Sex rede, dann ist damit keinesfalls nur die Penetration gemeint. Sexualität ist so sehr viel mehr als manche Jugendliche in Unkenntnis durch Akrobatik oder pornografische Internetbildung auszuüben suchen. Sex ist Nähe, Sex ist Berührung, Sex ist Liebe, Sex ist Zärtlichkeit, Sex ist Lust, Sex ist Verbundenheit, Sex ist Orgasmus, Sex ist Sinnlichkeit, Sex ist Gemeinsamkeit. Eine kleine Berührung, zart und kaum spürbar, kann dabei sehr viel sinnlicher, intensiver oder lustvoller sein als stereotype Penetration.

Festgehalten sei aber mit aller Deutlichkeit: Sex ist bei weitem die gesündeste, lustvollste, wunderbarste und stabilisierendste menschliche Verhaltensweise überhaupt. Das ist nicht nur wissenschaftlich auf vielen Ebenen bewiesen, sondern auch von fast jedem Einzelnen selbst so zu erleben.

Auf der anderen Seite wird kaum irgendwo mehr gelogen als im Bereich der Sexualität. Alle Umfragen sind deshalb mit großer Zurückhaltung zu lesen, worum es dabei auch immer geht. Irgendwie scheint man besonders männlich, wenn man zahlreiche Sexualpartner hatte oder hat, häufig den Beischlaf ausübt. Nehmen allerdings Frauen dieses Recht für sich in Anspruch, sind sie „leicht zu haben" oder die bereits genannten „Schlampen". Jeder möchte ein toller Hecht im Bett sein, Frauen auch gerne eine Rakete in den jungen Jahren.

Und dann ist da ja auch noch das Internet, das es ohne Pornografie so gar nicht gäbe. Die Lust am Sex ist also ganz enorm, die Wirklichkeit dagegen sehr oft spärlich. Und wer die pornografischen Bilder und Inhalte für realistisch hält, bekommt nicht nur ein fatal falsches Bild von Sexualität, sondern wird auch fürchterlich mit seiner Vorstellung scheitern.

Auch Werbung und Medien versprechen ja ständig Lust und Orgasmen durch den Genuss eines Schokoladeneises am Stil und das Trinken eines bestimmten Cocktails. Was für eine Lüge ist das alles, doch werden viele Instinkte damit angesprochen. Kaum ein Film kommt ohne explizite Beischlafszenen aus. So leben wir auf der einen Seite in einer ausgeprägt sexualisierten Welt. Auf der anderen Seite gab es aber in den Sechzigern nicht annähernd so viele Probleme im Selbstverständnis und im Erleben, wie ich das heute in Therapien sehr oft erlebe.

Aber lassen wir all das und alle Fragen, die sich daraus ergeben können, einmal außer Acht. Es gibt ja unbegrenzt Ratgeber dazu am Markt. Stattdessen schauen wir uns lieber mögliche Besonderheiten an, die den Sex im „Alter" auch ganz wunderbar erleben lassen.

Da trennen wir uns doch gleich vom ersten und fatalen Irrtum: dass Sexualität eigentlich nur gut ist, wenn man einen jungen, schlanken, wohlgeformten Körper hat. Nun mag der Körper mit seinem Profil ja mitunter Anreiz und Auslöser sein, um Lust zu wecken, aber ansonsten findet lustvolles und erfülltes Erleben auf ganz anderer Ebene, nämlich im Inneren, statt. Andernfalls dürften auch die meisten jungen Menschen keinen Sex ausüben oder glücklich erleben. Denn wer hat schon eine Traumfigur, Bilderbuchbrüste, einen „Knackarsch" oder ist auch sonst vollkommen austrainiert und muskulös gezeichnet? Das wäre eine sehr kleine Minderheit.

Halten wir also definitiv einmal fest: Erfüllende und lustvolle und erregende Sexualität hat mit dem Alter und der Statur der Körper nur recht wenig zu tun.

Irrtum Nummer zwei folgt auf dem Fuße: Lust, Begehren und sexuelles Verlangen hören spätestens im mittleren Lebensalter auf. Diese Annahme ist wahrscheinlich zum einen den Veränderungen geschuldet, die im Körper so mit Mitte 50 vorzufinden sind. Bei der Frau sind das die Wechseljahre, in denen hormonelle Umstellungen Konsequenzen zeigen. Die können sehr vielgestaltig sein. Die Haut wird ein wenig schlaffer, die Erektionen weicher, die Brüste mitunter auch, manchmal ist auch die Feuchtigkeit der Scheide spürbar gemindert. Ansonsten betrifft dieser Prozess aber die Fortpflanzungsfähigkeit. Und die ist in dieser Altersphase nun wirklich nicht mehr von vorrangiger Bedeutung.

Und wenn immer davon sexuelle Veränderungen betroffen sind, so hat das meistens eher mentale

Hintergründe, führt aber nur sehr selten in die sexuelle Abstinenz.

Bei Männern verändern sich die Hormone auch, wenngleich das nicht so drastisch spürbar ist. Die Potenz lässt allerdings schon deutlich nach. Und war in jungen Jahren allein die Vorstellung primärer Geschlechtsmerkmale Auslöser für eine starke Erektion, so braucht es von dieser Altersphase ab schon deutlichere Reize, manuelle Stimulation oder eben einfach auch mehr Zeit für die „Aufwärmphase". Das kann manchen Mann schon nachhaltig irritieren und vielleicht den Selbstwert mindern.

Wer um diesen Umstand weiß, kann allerdings sein Verhalten, seine Erwartungen und seine Ansprüche darauf einstellen und mit der Partnerin abstimmen. Dann wird das kaum zu einem Problem, und Lust auf körperliche Berührungen und Zärtlichkeit werden weiter wunderbar zu spüren sein, wenn die Angst vor dem Versagen schwindet.

Und weil wir gerade dabei sind, verabschieden Sie sich doch bitte auch von Irrtum Nummer drei: Sexualität sei immer an die Penetration, das Eindringen eines Gliedes in eine Frau, gebunden. Nur kurz sei in diesem Zusammenhang erwähnt, dass nach neueren Untersuchungen 60 % aller Frauen durch eben diesen Vorgang nicht zu einem Orgasmus kommen. Wobei auch keinesfalls ein Orgasmus bei jeder sexuellen Aktivität als Pflicht zu sehen ist, das wäre absolut nicht haltbar und macht nur unnötig Druck.

Halten wir stattdessen fest: Natürlich ist gelebte Sexualität auch Geschlechtsverkehr. Aber ebenso natürlich und in gleichem Maße wichtig und erlebnisfroh sind zärtliche Berührungen, Küssen, Umarmungen, Händchen halten, eben alles, was man mit seinen Händen, seinen Lippen oder sonst Sinnliches am Körper des anderen vermitteln kann. Auch Fantasien und Erinnerungen können dabei einbezogen werden. Es steht also ein Riesenrepertoire zur Verfügung, wenn man sich und dem anderen wundervolle Lust bereiten möchte.

Akrobatisches Stellungsspiel wird in der Lebensphase „Alter" wahrscheinlich auch eher die Ausnahme bleiben. An dessen Stelle tritt aber etwas, das manche über 60 Jahren sagen lässt: „Niemals war meine Sexualität, niemals war mein lustvolles Erleben so intensiv und so beglückend wie in dieser Alterszone". Und damit meine ich die Langsamkeit. Es ist sehr erregend und auch sehr reizvoll, Lust immer weiter auszudehnen, kleine Pausen einzulegen, sie dann wieder aufzunehmen und die Intensität mit jedem Male zu vertiefen. Lassen Sie sich Zeit, genießen Sie jede Berührung mit allen Sinnen, ohne Druck und ohne Erwartung. Denn es ist nicht von Belang, ob am Ende das Eindringen steht, das kann natürlich, muss aber überhaupt nicht sein. Stattdessen spürt man Lippen oder Finger vielleicht gerade unbeschreiblich intensiv, ob am Ende mit Orgasmus oder nicht. Hören Sie auf den Atem des anderen, der sich erregt beschleunigt und lassen Sie der eigenen Lust einfach einmal freien Lauf.

Sexualität (© Claudia Styrsky 2021)

Sex im Alter kann unglaublich göttlich sein.

Sind das nicht ausgesprochen reizvolle Perspektiven, Lust und Erregung im „Alter" im wahrsten Sinne des Wortes von Höhepunkt zu Höhepunkt sinnlich zu gestalten?

Für den Fall, dass aus Gründen, die hier gar nicht erörtert werden können, Sexualität in Ihrer Beziehung schon lange keine wirkliche Rolle mehr spielt, haben Sie die freie Wahl: Vermissen Sie rein gar nichts und sind glücklich und zufrieden in Ihrer Gemeinsamkeit, können Sie natürlich dabei bleiben.

Aber wäre es nicht spannend, sehr lebendig und hätte viele Reize, wenn Sie sich gemeinsam mit dem Partner wieder auf eine Entdeckungsreise zu sinnlichem Erleben, zu Lust und Zärtlichkeiten begeben könnten? Im „Alter" ist man befreit von Druck und Lasten seiner Sexualität und kann Freiheit in aller Intensität auch auf diesem Gebiet dann wieder nutzen.

Klare Strukturen bringen Sicherheit und Stabilität

Nach der Lust kommt nun wieder Disziplin ins Spiel, wenn man sein Leben im „Alter" bekömmlich gestalten will. Und das ist ja schließlich unser Ziel.

Dafür braucht es eine klare Struktur. Bei aller Freiheit, aller Flexibilität und aller Kreativität muss es eine ganz einfache Grundstruktur für den Tag geben.

So ist es nicht bekömmlich, bis irgendwann am Tag zu schlafen, ganz beliebig aufzustehen und dann in weiterer Beliebigkeit Abläufe spontan ganz einfach nur so zu gestalten. Es hat sich immer wieder gezeigt – Forschung hin, Forschung her – dass ein Grundgerüst Sicherheit und Orientierung gibt. Natürlich kann man von so einer Struktur auch ab und an ein wenig abweichen, aber das sollte sich auf Ausnahmen beschränken.

Der weitere Ablauf eines Tages kann ja ausreichend Freiräume bieten, um Unerwartetes oder Spontanes auch mit aufzunehmen, das ist unbenommen. Es ist aber im Sinne von Stabilität und Sicherheiten sinnvoll, zum Beispiel das Aufstehen, die Mahlzeiten, regelmäßige Tätigkeiten wie Sport oder Einkäufe für jeden Tag festzulegen. Man könnte sich etwa eine Art Stundenplan anlegen, der ja wöchentlich in einigen Schwerpunkten auch wechseln kann oder offen für Neuerungen ist.

Man geht in mancher Hinsicht entspannter durch den Tag, wenn man weiß, wie man ihn gestaltet und was einen erwartet. Zudem erlebt man eine gewisse Sinnhaftigkeit, die man vom Beruf durch die Zeitvorgaben ja auch sehr gewohnt war, und die Umstellung auf den Status „Privatier" fällt dann auch leichter. Diesen Begriff finde ich übrigens um Klassen angenehmer und bekömmlicher als den Status „Rentner". Und „Privatier" trifft es dazu ja auch sehr gut: Denn das private Erleben und Leben, die Bekömmlichkeit stehen jetzt im Vordergrund.

Wenn es eine solche Tagesstruktur auszufüllen gilt, kommen noch andere Gesichtspunkte ins Spiel. Es gibt ja in dieser Lebensphase mitunter Menschen, die geradezu krampfhaft versuchen, eine Unzahl von Aktivitäten auf die Beine zu stellen, was immer sie sich und den anderen damit beweisen möchten wie „Schaut mal, wie aktiv und rege ich noch bin" oder „Seht her, ich gehöre noch lange nicht zum alten Eisen". Irgendwie wirkt das ein wenig seltsam, dass man sich die gerade gewonnene Freiheit dann wieder selber nimmt, oder?

Viel bekömmlicher ist es doch, man macht sich auf die Suche, wie man alte Interessen weiterverfolgen kann oder wie man neue interessante Lebensinhalte findet. Die lassen sich dann mit Akribie und Engagement verfolgen, für die ist dann ein wirkliches Interesse da und Pseudoaktivität um ihrer selbst willen hat dann keinen Platz.

Haben Sie eigentlich noch Träume? Denn das kann ja etwas ganz Wunderbares sein. Manche Träume hat man sein Leben lang, auch in dem Wissen, dass sie nie erfüllbar sein werden. Dennoch sind es beglückende Perspektiven, die aus sich selbst heraus bereits ein gutes Gefühl vermitteln. Kinder habe solche Träume ja ständig. Und mitunter ist es sinnvoll, dieses träumerische Kind in sich wiederzuentdecken. Planen Sie also bei ihrer Tagesstruktur bitte ausreichend Raum und Zeit für solche Träume ein.

Und dann gibt es natürlich auch jene Träume – vielleicht sind es dann ja auch eher Wünsche und Sehnsüchte – die in jungen Jahren nicht umsetzbar waren, jetzt im „Alter" aber endlich Realität werden können. Für manche Menschen ist das vielleicht eine Kreuzfahrt oder eine Reise rund um die Welt. Vielleicht wollten Sie seit Langem ein ganz bestimmtes Land oder einen Ort kennenlernen, der Ihnen irgendwie am Herzen liegt. Vielleicht wollten Sie seit vielen Jahren eine neue Sprache lernen, haben aber nie die Zeit dafür gefunden. Nun, im „Alter", gibt es diese Zeit. Auch ein Studium an der Universität ist möglich, ganz egal, wie alt Sie sind, wenn Sie dafür brennen.

Auch im sozialen Bereich gibt es viele Möglichkeiten, wie man sich einbringen kann, zum Beispiel wenn man seinen Mitmenschen bei Problemen helfen möchte. Nur sollte das dann wirklich einem länger gehegten inneren Bedürfnis entsprechen und keinesfalls dem Wusch entsprungen sein, sich ohne Sinn zu profilieren oder eine Bedeutungsgebung nach außen zu erreichen.

Öffnet sich da für Sie ein weites Feld mit neuen Perspektiven, dem Sie sich nun einmal intensiv zuwenden möchten? Ich kann Sie dazu nur ermuntern, im Hier und

Heute und Jetzt solche Wünsche und Bedürfnisse dann umzusetzen. Denn verpasste Gelegenheiten und „Hätte ich doch damals ..." sollte es in der Lebensphase „Alter" wirklich nicht mehr geben, denn das Motto lautet: „Wenn nicht jetzt, wann denn bitte dann?"

Und ein weiterer sehr großer Vorteil bietet sich bei zukünftigen Projekten ganz von selbst: Man tappt nicht in die Falle der Introspektive. Denn das ist eine Falle, die wahrhaft viel Tücken hat, und die wir bereits betrachten konnten. Schließlich bedeutet Introspektive, dann man stets und wirklich ständig mit sich selbst beschäftigt ist. Ein gewisses Maß daran ist durchaus bekömmlich. Wer aber ständig nur in sich hinein spürt, wie es ihm denn gerade so geht, wie man sich fühlt, was der Körper an Symptomen meldet, der wird ständig auch etwas entdecken, was dann irritiert. Das wiederum setzt Angst und Unsicherheit in Gang. Die Suche nach Erklärungsmodellen kommt richtig in Fahrt, die Frage nach einem „warum" gräbt sich tief ins Denken, auch wenn Antworten nicht zu erwarten sind. Bekömmlich ist das alles nicht. Deshalb sind Strukturen wichtig, deshalb braucht es Inhalte und Perspektiven.

Deshalb sollten Sie sich im Namen der Bekömmlichkeit nicht in einem solchen Sinn zum Zentrum Ihres inneren und äußeren Erlebens machen. Denn es geht ja um Bekömmlichkeit und nicht um neue Sorgenfalten.

Übersicht

Feste Strukturen geben Sicherheit und Orientierung. Dabei sollten Berücksichtigung finden:

- regelmäßige Pflichten,
- wiederkehrende Aufgaben,
- Versorgung des Haushalts,

- Flexibilität,
- Müßiggang,
- Aktivitäten und Engagements,
- Freiräume für Besuche.

Kleider machen Leute

Last but not least wollen wir auch einen auf den ersten Blick rein äußerlichen Bereich nicht vergessen: das Outfit, oder auch: Wie kleide ich mich „angemessen" im „Alter"?

Da kann ich nur sagen: „Kleider machen Leute".

Und das stimmt auf sehr vielfältige Art und Weise nach innen wie nach außen. Können Sie sich noch erinnern, wie das in früheren Jahren so war? Da kleidete man sich im „Alter" bevorzugt in der dunklen Farbe schwarz auf eine Art, die Todesnähe bereits vermuten ließ. Denn es gibt ja auch ein Schwarz, wie es bevorzugt von Männern mit modischem Bewusstsein auch heute getragen wird, das ist ausgesprochen stylisch und durchaus markant.

Und da kommt jedem Mitglied der Lebensphase „Alter" doch sehr zugute, dass der Ballast aus Anpassung an irgendeine Ausrichtung von Mode, an irgendeine Altersnorm oder das berufliche Umfeld mit Krawatte und Anzug von Stund an nicht mehr gültig ist.

Endlich kann man sich kleiden, wie man sich fühlt. Das kann sehr grell sein und auffällig, wie man es in den Medien gar nicht selten bei Menschen dieser Altersklasse findet. Es kann aber auch einfach nur frisch und lebendig sein, farbig wie das Leben oder wie die Stimmung gerade ist. Man kann auch Understatement demonstrieren im dezenten, aber dadurch auffälligen englischen Gentlemen Style. Vielleicht mögen Sie auch Jeans und einen langen Pullover?

Es ist einfach alles erlaubt, was gefällt. Und wie man sich kleidet, so fühlt man sich ja auch. Ist Ihnen das schon aufgefallen? Die „graue Maus" fühlt man auch nach innen, wie eben diese langweilige konturlose Gestalt. Denn man gibt mit seiner Kleidung nicht nur nach außen ein Statement ab. Wer sich nicht im Rentnerbeige, sondern lebendig und vielleicht auch kontrastreich kleidet, fühlt das im eigenen inneren Erleben ganz genauso.

Abzuraten ist allerdings davon, wie bereits an anderer Stelle erwähnt, dass man mit seiner Kleidung nach außen etwas demonstrieren möchte, was nun einmal nicht mehr ist: Jugend! Denn das würde in den meisten Fällen albern wirken. Wenn Sie sich aber einfach wohlfühlen im jugendlichen Style, aus welchem Grund auch immer: Feel free!

Kleidung kann ein geniales Statement sein mit der Aussage: Ich bin quicklebendig, mein Leben ist so bunt wie ich. Denn der Kleidung ist das „Alter" absolut egal!

Medizin und Chirurgie verändern Äußerlichkeiten

Sie meinen, ich hätte an dieser Stelle doch etwas vergessen, denn nicht nur die Kleidung spiele für das Aussehen eine Rolle, sondern auch das Aussehen selbst?

Da stimme ich Ihnen gerne zu. denn ein gepflegtes Aussehen bei der „körperlichen Erscheinung" ist gewiss von großem Wert, dazu zählen eine gute Frisur ebenso wie gepflegte Fingernägel oder ein dezentes und stimmiges Make-up. Das alles ist ja stets die Basis für eine gepflegte Äußerlichkeit.

Zusätzlich bieten zahlreiche Institute, Ärzte oder Kosmetikpraxen zahlreiche Möglichkeiten an, das Aussehen etwas aufzufrischen. Sehr beliebt und ebenso verbreitet ist das Unterspritzen von Falten mit Hyalurunsäure, um deren Tiefe zu mindern. Das ist ein relativ oberflächlicher Eingriff, der außer kleinen lokalen Reizzuständen selten Nebenwirkungen zeigt. Eine Allergie sollte vorher ausgeschlossen werden. Das Ergebnis hält für einige Woche an und vermittelt eine gewisse Frische in den betreffenden Hautpartien. Billig ist das allerdings nicht.

An zweiter Stelle stehen Injektionen mit Botox. Dabei handelt es sich um eines der stärksten Nervengifte überhaupt, die niedrig dosiert in ein bestimmtes Gebiet, meistens im Gesicht, gespritzt werden, und die Muskeln an diesen Stellen lähmen. Ja, das ist so, man führt freiwillig eine gewisse Lähmung herbei. Der Effekt ist auch ganz ansehnlich, allerdings lassen sich die entsprechenden Muskeln eben nicht mehr bewegen, sodass neben der Faltenlosigkeit nicht selten eine gewisse Starre beim Lächeln oder an anderer Stelle in Erscheinung treten kann.

Auch diese Maßnahme zeigt Wirkung, und wer es mag und sich dadurch im „Alter" und bei dem Blick in den Spiegel wohler fühlt, möge sich solch einer Prozedur unterziehen. Auch ein solcher Eingriff muss nach einigen Monaten wiederholt werden, und eben billig ist er auch nicht.

Dann beginnen die Eingriffe, die man in der Medizin als „invasiv" bezeichnet, die also eingreifender sind. Diese bedürfen dann des Skalpells eines Chirurgen. Und ohne Betäubung geht das nicht, die dann örtlich oder als vollständige Narkose durchgeführt werden muss. Die Grundbedingungen sind also aufwendiger und damit auch risikoreicher. Denn bereits bei der Betäubung kann es zu Gewebsschädigungen kommen, auch die Vollnarkose hat nicht wenige Nebenwirkungen oder Risiken. Das sollte man vorab einzuschätzen wissen.

Eine sehr attraktive Freundin aus meinem Umfeld ärgerte sich schon viele Jahre über ausgeprägte Schlupflider oder Tränensäcke, die ihren Augen immer etwas den Glanz genommen haben. Einige Jahre lang trug sie den Wunsch nach Veränderung und einen Eingriff mit sich herum. Als diese Partie nach den Wechseljahren und mit zunehmendem Alter unübersehbar schlaffer wurde, entschloss sie sich schließlich zu dem chirurgischen Eingriff, der ambulant von einem Facharzt durchgeführt wurde. Nach 10 Tagen war alles verheilt, eine leichte Narbe blieb zunächst, aber die Augen strahlten wie noch nie zuvor. Und die Freundin fragte sich: Warum nur hast du das nicht viel früher machen lassen? – das reine Glücksgefühl also.

Eine ehemalige Angestellte aus meiner Klinik ließ sich im Ausland ihre Brüste aufbauen, Mit 65 Jahren war das Gewebe eindrucksvoll schlaff geworden, die Spitzen zeigten deutlich nach unten, kurzum, sie selbst und auch ihr Mann wollten der Ästhetik ein wenig auf die Sprünge zu helfen. Und man entschloss sich für eine Unterfütterung mit Eigenfett aus einer anderen Körperregion. Einige Zeit nach dem Eingriff stellte sie sich schließlich bei mir in der Praxis vor, weil ich die ärztliche Betreuung übernommen hatte. Das Ergebnis war wirklich sehr gelungen. Die Brüste waren aufgerichtet, die Spitzen zeigten wieder wie gewünscht nach oben, und alles sah sehr natürlich aus, weil das Eigenfett sich ohne Auffälligkeiten mit dem eigenen Gewebe verbunden hatte, ganz natürlich eben. Auch hier war die Frau sehr glücklich mit dem Ergebnis.

Es gibt daneben aber auch nicht wenig Eingriffe, die unangenehme, zum Teil gefährliche und ästhetisch sehr unerquickliche Folgen haben können wie Entzündungen, verzögerte Heilungen oder eine sehr starke Narbenbildung, die dann nur schwer zu beeinflussen oder zu korrigieren ist. Außerdem werden bei solchen Eingriffen auch zahlreiche Nerven durchtrennt, sodass Hautbezirke auf Dauer taub für Berührungen werden können. Auch die beschriebenen Unterspritzungen zeigen mitunter groteske Ergebnisse mit Lippen, die wie Schläuche aussehen.

Und irgendwie sollte die Korrektur auch in die gesamte körperliche Erscheinung eingefügt werden können. Manches Komplettlifting im Gesicht, wie es ja von älteren Models und Schauspielerinnen sehr gerne durchgeführt wird, zeigt nach dem Eingriff nicht selten ein Gesicht, das nicht nur den Personen selbst sehr fremd erscheinen muss, sondern auch dem Bild im Personalausweis nur noch wenig ähnelt.

Wer sich einen Gewinn von diesen Maßnahmen verspricht, möge sich ihnen unterziehen, allerdings sollte man sich genau über Risiken und Nebenwirkungen auf Körper und Seele informieren.

Und immer sollte man bedenken: Mit dem Äußeren verändert man auch das Innere. Denn wer nach einem chirurgischen Eingriff in den Spiegel schaut, erblickt ein fremdes ICH statt ein Abbild seines gelebten Lebens. Die Jugend kommt auch damit nicht zurück.

Wohnmodelle an Bedürfnisse anpassen

Ein elementares Statement gibt man ja auch mit seiner Behausung ab, sei es eine Wohnung, sei es ein Haus, sei es ein Caravan.

Die Wohnbedingungen hängen meistens maßgeblich von Jahren vor dem „Alter" ab. Es gibt sicher auch hier und dort Menschen mit häufig wechselndem Wohnsitz, aber gemeinhin verbringt man an einem festen Wohnsitz viele Jahre seiner Zeit.

Wenn Sie in früheren Jahren über ein gutes Einkommen verfügten und auch Kinder in der Familie waren, haben Sie vielleicht ein recht großes Haus gebaut, das Raum für alle zur Verfügung stellte. So ein Haus ist großartig, ermöglicht ein bekömmliches und recht freies Leben und ist eng verbunden mit der Familiengeschichte.

Irgendwann gehen allerdings die Kinder aus dem Haus und suchen eigene Lebensräume. Und dann ist es möglich, dass Ihnen die Arbeit an so einem Haus zu viel wird, dass Sie die hohen Kosten für Energie nicht mehr so gern tragen möchten oder aus anderen Gründen auf der Suche nach einem neuen Wohlfühlort sind, der den dann gültigen Lebensbedingungen und Bedürfnissen besser entspricht.

Für eine solche Überprüfung der Bekömmlichkeiten beim Wohnen ist der Übergang in das „Alter" eine sehr gute Gelegenheit. Dabei können ja viele Faktoren eine Rolle spielen.

Nicht zwangsläufig muss man sich verkleinern. In meiner Nachbarschaft wohnt zum Beispiel eine Frau von 82 Jahren in einer Riesenvilla ganz allein, nachdem ihr Mann verstorben ist. Die Menschen in der Umgebung wollen ihr fast täglich zu einem Wechsel raten. Sie aber fühlt sich auch allein sehr wohl dort in der vertrauten Umgebung, sieht jedes Zimmer mit wertvollen Erinnerungen verknüpft und genießt die Freiheit, die eine solche Villa bietet, ist mal in diesem Zimmer, mal in jenem, ganz wie es ihr beliebt. Und es ist großartig, wie sie sich allen Einschüchterungsversuchen von außen widersetzt, allerdings in dem Wissen, dass stark veränderte Lebensbedingungen dann auch Konsequenzen mit dem Wohnraum hätten, aber eben dann erst bei Bedarf.

Meine Mutter bewohnte bis zu ihrem 98. Lebensjahr ein Appartement direkt in Strandnähe am Kieler Ostseestrand. Sie genoss sehr die täglichen Spaziergänge in der Natur, hatte alle Einkaufsmöglichkeiten, ihre Bank und einen Arzt ganz in ihrer Nähe. Als es dann beschwerlicher wurde, das vierte Stockwerk ihrer Wohnung zu erreichen – einen Fahrstuhl gab es in dem Gebäude leider nicht – riet ich doch zu einem Wohnungswechsel. Im Angebot war eine Wohnung ganz in meiner Nähe im Parterre mit einem Garten. Eine Gemeindeschwester gab es dort auch, die man im Notfall hätte in Anspruch nehmen können. Zustimmung fand mein Vorschlag nicht. Dann knapp vor dem 99. Lebensjahr wurde offenbar, dass sie sich wirklich nicht mehr versorgen konnte und in einigen Bereichen täglich Hilfe brauchte. Im Endeffekt blieb dann nur der Einzug in eine private Seniorenresidenz, sie blieb dort bis zu ihrem Tod mit fast 100 Jahren. Glücklich wurde sie dort nie, obwohl die Betreuung bestens war.

Nach meiner Einschätzung wäre weitaus mehr Eigenständigkeit und Selbstbestimmtheit erhalten geblieben, wenn wir meinen Vorschlag umgesetzt hätten. Sie selbst hielt es immer für viel zu früh.

Es ist auch immer einfacher, sich in eine neue Umgebung, wie zum Beispiel auch ein Wohnheim, einzugewöhnen, wenn man diese Entscheidung im Bewusstsein seiner Kräfte aktiv trifft, sich dort gut einleben kann und eben nicht sofort auf umfangreiche Betreuung angewiesen ist.

In diesem Sinne einer möglichst langen Selbstständigkeit in gewohnter Umgebung trifft man immer häufiger auf Menschen, die beim Eintritt von Bedürftigkeit zuhause wohnen bleiben und eine Betreuerin zum Beispiel aus dem osteuropäischen Raum verpflichten, die dann ebenfalls dort wohnt und lebt, um notwendige Pflege wahrzunehmen. Die Kosten sind dabei oft sogar deutlich unter denen einer öffentlichen Einrichtung angesiedelt.

Aber vor einem pflegerischen Notfall oder dem unvermeidlichen Ende eines Lebens liegen, wie wir gesehen haben, noch 25 bis 30 Lebensjahre. Man sollte also Eventualitäten, die womöglich notwendig werden, im Auge behalten, um dann entsprechend und rechtzeitig selber zu bestimmen.

Aber erst einmal gilt es, für die Lebensphase „Alter" die besten Lebensbedingungen im Wohnraum zu gestalten. Das geht in der eigenen Wohnung natürlich auch ganz prächtig, wenn eben alles passt.

Aber gerade für die Lebensphase mit neuen Freiräumen, Unabhängigkeit und Entdeckungsreisen gibt es inzwischen auch zahlreiche andere, wirkliche attraktive Wohnmodelle.

So finden sich mitunter in Frankreich, in Italien oder auch im eigenen Lande Menschen zusammen, die auf einem größeren Areal, einem alten Gutshof, in den Weinbergen oder in der Toskana eine Wohngemeinschaft bilden. Dort hat jeder seinen eigenen Bereich, seine Hütte oder sein eigenes Haus oder eine eigene Etage, ist aber niemals allein. Dort ist dann Raum für Malerei, fürs Töpfern, für Selbstversorgung im Biogarten oder andere wunderbare Lebensräume.

Wer es weniger groß dimensioniert mag oder kann, schließt sich vielleicht Wohngemeinschaften an, die neben Senioren auch Studenten beherbergen. Dort kann es für beide Seiten zu einem sehr fruchtbaren und belebenden Austausch kommen, zu dem jeder aus seiner Perspektive Interessantes beizutragen weiß. Und Studenten sind ja auch mitunter etwas verrückt, was Menschen im „Alter" durchaus sehr zugute kommen kann.

Im Kleinen existieren solche Wohnmodelle bereits. Dort wird dann im eigenen Haus einfach ein Teil der Wohnung an junge Leute vermietet, vielleicht mit der

Auflage, im Bedarfsfall oder überhaupt hier und dort Hilfe zu leisten.

Im Internet findet man über die Suchmaschinen inzwischen zahlreiche Seiten, die entsprechende Angebote offerieren. Das sind belebende Ideen, denen man doch gedanklich oder auch ganz praktisch einmal folgen kann, wenn es um Wohnbedingungen im „Alter" geht.

Nach statistischen Angaben des Statista Research Department (2011) leben 93 % der Menschen über 65 Lebensjahren in normalen Wohnungen, und nur 4 % leben in Heimen, 2 % in betreutem Wohnen. Die Frage nach angemessenem Wohnraum ist also von erheblicher Bedeutung.

Übersicht

Wohnungsmodelle sollten an den Bedarf angepasst werden.

Dabei spielen die unterschiedlichen Bedürfnisse ebenso eine Rolle wie die finanziellen Möglichkeiten.

Zahlreiche neue Wohnmodelle sind inzwischen auf dem Markt verfügbar.

Dazu gehören Wohngemeinschaften ebenso wie altersübergreifende Anlagen.

Dabei sollten auch Gedanken an eine vielleicht einmal eingeschränkte Beweglichkeit eine Rolle spielen.

Liebe ist ganz wunderbar

Und von den Wohnbedingungen zur Wohngemeinschaft ist es dann nur ein kurzer Weg, und es stellt sich die Frage nach der Gestaltung der Lebensform.

Das Thema haben wir bereits kurz angesprochen. Allerdings wurde die Frage im Zusammenhang damit aufgeworfen, ob und wie eine bestehende Partnerschaft fortgesetzt werden sollte in der Lebensphase „Alter".

Indes stellt sich eine solche Frage nicht für alle, weil statistisch gesehen etwa 30 % im „Alter" allein leben. Nun bedeutet allein zu leben ja nicht unbedingt, auch einsam zu sein. Denn manche Menschen haben sich bewusst entschieden, ihren Alltag allein und unabhängig zu gestalten. Nach dem Tod eines geliebten Partners möchte man vielleicht einfach niemanden sonst wieder im Leben an seiner Seite haben, weil der Vergleich zu schmerzlich wäre. Nach einer Trennung ist man sich vielleicht sicher, sich niemals wieder in so eine stressige Beziehungssituation zu begeben. Dann ist alles gut.

Aber nicht wenige Menschen fühlen sich tatsächlich einsam nach dem Verlust eines Partners, aus welchem Grund auch immer, und möchten weiterhin Gemeinsamkeit satt Alleinsein leben.

Es ist ja in keinem Lebensalter einfach, seine Liebe zu finden oder einen Menschen, mit dem man sein Leben teilen will. Das ist in der Lebensphase „Alter" nicht unbedingt anders. Das liegt aber nicht primär im „Alter" begründet. Auch haben Männer eine deutlich geringere Lebenserwartung als Frauen, warum auch immer. Es herrscht also gleichsam ein Mangel in diesem Segment.

Zum anderen entwickelt jeder Mensch über die Jahre auch bestimmte Rituale, Gewohnheiten oder Eigenheiten, von denen er sich ungern trennen möchte, die dem Partner aber nicht unbedingt alle willkommen sein müssen. Man wird also in gewisser Weise intoleranter, was die Hergabe von lieb gewonnen Gewohnheiten angeht, wenn das denn für eine Beziehung von Bedeutung ist. Man könnte auch sagen: Mit den Jahren wird das Profil von Menschen einfach schärfer, sie haben mehr Persönlichkeit, für die es eben ein Pendant zu finden gilt.

Die Sehnsucht nach Liebe, nach Berührungen, nach Zärtlichkeit, nach dem Austausch gemeinsam Erlebens und auch nach einem Stück Sicherheit, die eine Beziehung vermitteln kann, nimmt nicht zwangsläufig mit dem Alter ab. Liebe und Verliebtsein haben zum Glück keinerlei Verfallsdatum.

Ich erinnere mich an einen 91-jahrigen Patienten, der einige Jahre nach dem Tod seiner Frau auf der Hochzeit eines seiner Kinder eine Frau im Alter von 87 Jahren kennenlernte. Zunächst verbrachten die beiden während der Feier viel Zeit auf der Tanzfläche miteinander. Dann wurden am Tisch bei Wein und Likör sehr intensiv Lebensereignisse ausgetauscht, und völlig überraschend für beide endete der Abend dann mit einem Kuss. Nur vier Wochen danach traf ich die beiden Händchen haltend und schwer verliebt und glücklich bei einem Spaziergang im benachbarten Park.

Es stellte sich heraus, dass fast die Mehrheit der Menschen über 50 ihre neue Beziehung getrennt leben. Jeder behält seine Wohnung und sein Umfeld. Man versteht sich aber als Paar. Und trifft sich nur, wenn beide Lust darauf haben. Das erhält die Eigenständigkeit, gibt Raum für die erwähnten Rituale, und die Liebe nutzt sich auch nicht so schnell ab, wie berichtet wird. Wäre das etwas für Sie?

Vielleicht stimmen Sie mir zu, fragen aber: Woher nehme ich ihn denn nun, meinen neuen Partner? Das war früher doch viel einfacher, wo man sich direkt kennenlernen konnte.

Da bin ich allerdings ganz anderer Meinung. Denn einfacher war es früher ganz sicher nicht. In ländlichen Gemeinden und auch sonst liefen ja nicht in Heerscharen Menschen herum, die man dann auf der Straße oder auf einem Fest ansprach, und „Zack", war alles geregelt!

Genau das Gegenteil ist der Fall. Denn im Internet gibt es zahlreiche Foren, auf denen man sich kennenlernen und zunächst begegnen kann. Und damit meine ich keinesfalls nur die professionellen Vermittler, die man in der Regel sehr teuer bezahlen muss. Vielmehr gibt es auch zahlreiche kostenlose Online-Vermittlungen, die ebenfalls sehr gute Dienste leisten. Man stellt ein Bild von sich ein, schreibt etwas über seine Hobbys und Vorlieben, und schon kann man aktiv werden oder warten, bis man angeschrieben wird. Die meisten Portale geben auch Fragen vor, sodass es einfacher ist.

Nach Angaben des statistischen Bundesamtes lebt jede zweite Frau über 65 Jahren allein, während in der männlichen Vergleichsgruppe jeder 5. Mann ein Single-Dasein führt. Mehr als zwei Drittel der über 65-Jährigen surfen fast täglich im Netz. Mehr als jeder zweite, 57 %, besitzt einen Computer und 85,7 % ein Handy.

Zwei Problemfelder können bei dieser Art des Kontaktes auftreten.

Zum einen kann man sich ja sehr schnell näherkommen, schreibt vielleicht sehr viel, telefoniert möglicherweise die eine oder andere Stunde. Und man ist sich dann schnell in mancher Weise sehr vertraut. Das kann in der persönlichen Begegnung dann ebenso sein, oft ist man sich aber zunächst eher fremd, bis man sich auch auf dieser Ebene besser kennt. Das gilt es also zu beachten bei den Erwartungen an ein solches erstes Treffen.

Die zweite Gefahr lauert in einem sehr unangenehmen Bereich, und es kann richtig Schaden angerichtet werden. Denn es gibt gar nicht wenige Menschen, die versuchen, die Einsamkeit oder den Wunsch nach Beziehung für sich finanziell auszunutzen. Da wird dann gelogen, vorgegaukelt und geheuchelt, ohne dass wirklich etwas dahintersteht. Man sollte also behutsam sein mit den Daten und Informationen, die man von sich preisgeben möchte auf dieser Ebene. Und wann immer zu einem frühen Zeitpunkt unter einem Vorwand Finanzen ins Spiel kommen, ist es hohe Zeit, diese Beziehung zu beenden.

Denn es werden immer wieder Betrügereien und Hochstapeleien in diesem Umfeld aufgedeckt. Es wird Liebe versprochen – und nach dem Aufbau einer Vertrauensbasis kommen dann direkt oder indirekt finanzielle Forderungen. Da werden dann Beträge für die Anreise zu einem Treffen erbeten. Oder es werden momentane unverschuldete finanzielle Notlagen angeführt, die es für kurze Zeit zu überbrücken gilt. Nachdem entsprechende Beträge aus Gutgläubigkeit, als Liebesbeweis oder aus Mitleid angewiesen wurden, hört man dann nie wieder etwas von dem vermeintlichen neuen Lebenspartner.

Beachtet man diese Vorsichtsregeln, besteht eine sehr gute Möglichkeit, einem zukünftigen Partner in diesen Portalen zu begegnen – bei allen Risiken und Nebenwirkungen, mit denen so etwas ja immer verbunden sein kann. Denn Liebe ist in jedem Alter ganz wunderbar. Und auch wenn man nicht ganz so hoch greifen möchte mit der „Liebe", können Vertrauen, gemeinsame Interessen, freundschaftliche Beziehungen oder Zärtlichkeit eine gute Basis für eine Beziehung sein.

Übersicht

Liebe hat viele Facetten, zum Beispiel:

- Nähe,
- Vertrauen,
- Zärtlichkeit,
- Wärme,
- Geborgenheit,
- Verbundenheit,
- Körperlichkeit,
- Lust.

Und alle diese Teilaspekte sind oft gerade im „Alter" sehr intensiv und mit viel Genuss zu entdecken und zu leben.

Literatur

Wolfgang Schrödter, Partnerschaften in späten Lebensphasen – die Herausforderung des Alters, Universität des Dritten Lebensalters (2010)

Fred Karl, Ingrid Friedrich (Hrsg), Partnerschaft und Sexualität im Alter, Springer-Verlag (1999)

Adelheit Kuhlmey, Doris Schaeffer (Hrsg), Alter, Gesundheit und Krankheit, Hogrefe AG (2008)

H. J. Berberich, Sexualität im Alter, Der Urologe, Ausgabe A43 (2004)

Frank Schulz-Nieswandt, Ursula Köstler, Francis Langenhorst, Heike Marks, Neue Wohnformen im Alter, Kohlhammer Verlag (2012)

Unabänderliches

Dazu gehört: Die Kindheit und die Jugend sind vorbei.

Nun gibt es ja auch „Tatsachen" in jedem Leben, die nun einmal sind. Es spielt dann keine Rolle, ob man sie möchte oder ob das nicht der Fall ist, das ändert leider nichts.

Dazu gehört: Die Kindheit und die Jugend sind vorbei.

Und damit ist die gänzliche unbeschwerte Unbekümmertheit der ganz frühen Jahre, wenn es sie denn in ihrem Leben gegeben hat, leider auch nicht mehr verfügbar. Denn nach einigen Lebensjahrzehnten wird der Blick ein wenig klarer für das, was möglich ist, und was auch eben nicht.

Natürlich kann man in jeder Lebensphase fröhlich sein, das steht außer Frage.

Aber wer einmal vom Baume der Erkenntnis aß, kann sich nun einmal nicht mehr dumm stellen und so tun, als wüsste er von nichts. Die Sammlung der Ereignisse und Veränderungen, mit denen jeder in seinem Leben

W. Blohm, *Das Alter – Impulse für die bessere Hälfte*, https://doi.org/10.1007/978-3-662-63322-9_6

konfrontiert wird, bringt eben nicht nur Frohsinn sondern manchmal auch Angst, Unsicherheit und Grenzen. Das sind Erfahrungen, die grenzenlose Unbekümmertheit doch deutlich enger werden lassen.

Damit muss man sich nun einmal abfinden.

Allerdings bekommt man ja auch etwas im Tausch. Und dieser Teil wächst stetig und hört niemals auf: Gemeint ist die Erfahrung. Wir haben uns ja darüber ausgetauscht. Erfahrung ist der große Schatz in jedem Leben. Denn sie hilft uns Probleme zu lösen und in vielen brenzligen Situationen gelassene Sicherheit im Umgang zu bewahren.

Und was Erfahrung im Kontrast zur Unbekümmertheit ganz sicher kann: Sie bewahrt uns vor mancher Enttäuschung und manchem Irrweg, mit denen man sich sonst hätte auseinandersetzen müssen.

Und so betrachtet ist unbekümmerte Jugendlichkeit hin und wieder ein wundervolles Gefühl, das sehr beleben kann. Aber möchten Sie deshalb auf alle Vorteile der Erfahrung verzichten, wenn es um die Gestaltung eines bekömmlichen Lebens geht?

Und wenn wir hier über Unabänderlichkeiten reden, dann taucht natürlich sofort auch der Gevatter auf, der Gevatter Tod, der Sensenmann.

Wie sagte jemand jüngst so treffend: „Lebend kommt hier keiner raus".

Mit anderen Worten: Am Tod kommt man nun einmal nicht vorbei, da gibt es keine Diskussionen.

Die beginnen erst dort, wo man über seine Bedeutung zu sinnen beginnt.

Für die einen ist damit schlicht alles nun einmal zuende, man ist nicht mehr und gut. Karl Lagerfeld formulierte es kurz vor seinem Ableben mit: „Da ist dann nichts, Krematorium, Urne und gut, Das war's."

Das kann natürlich sein, warum auch nicht.

Andere sehen den Tod als Beginn des ewigen Lebens an der Seite einer Göttlichkeit oder irgendwo im Himmel sonst auf einer Wolke, oder auch als eine Rückkehr zum Ort der Schöpfung.

Wieder andere warten gleichsam mit dem Tod schon auf den Übergang in ein weiteres neues Leben im Rahmen einer steten Reinkarnation. Sehr detailliert wird das im „Tibetanischen Totenbuch" beschrieben, und einfach wird das dort dann nicht in einem ewigen Lernprozess der der weiteren Entwicklung dienen soll.

Jeder darf ja glauben, was ihm wichtig ist, ihm Sicherheit vermittelt oder Erklärung für Unbekanntes liefert.

Niemand weiß, was wirklich mit dem Tod und danach mit einem passiert.

Deshalb hängt der Umgang und das Verständnis zum Thema Tod sehr individuell von den persönlichen Glaubensgrundsätzen oder einem religiösen Hintergrund ab.

Und genau aus diesem Grund halte ich den Tod für maßlos überschätzt! Was kann der eigentlich im Gegensatz zum Leben? Gar nichts kann er, er ist einfach nur da, ja und? Wo also und warum sollte er irgendwelche Ansprüche an das Leben richten, wo er selbst so gar nichts anzubieten hat?

Eine Umkehrung seiner Wertigkeit, eine Perversion im besten Sinne, prangte mir jüngst auf der Rückseite eines großen Busses entgegen, der im Dienst einer Sekte unterwegs gewesen war. Dort stand zu lesen: „Herr, lehre uns bedenken, dass wir sterben müssen!" Damit wird der Fokus vom Leben sehr auf das Ende gelegt. Eine solche Perspektive wird von vielen Menschen als einengend und belastend empfunden. Warum sollte ich etwas stetig Bedenken, was auf mein Leben direkt gar keinen Einfluss hat, außer dass ich ihm diesen Einfluss gäbe?

In diesem Sinne fand ich auch den Satz eines Freundes vor kurzer Zeit durchaus fast witzig. Er sagte: Eigentlich ist es seltsam, wohin auch immer unsere Wege führen, was immer wir an Schwerpunkten für unser Leben wählen, wie unterschiedlich auch alle Menschen sind, das Ziel für alle ist dasselbe: der Tod!

Diese Perspektive kann auf der einen Seite Vieles im Leben relativieren und Bedeutungsgebungen verändern. Aber es kann auch den Sinn des Lebens sehr infrage stellen, wenn am Ende immer dieses Ergebnis steht.

Aber er zeigt uns doch unsere Endlichkeit, mögen Sie vielleicht einwenden.

Das mag wohl sein, so unbestimmt sein Eintritt zeitlich auch immer sein mag. Aber was soll denn das an meinem Leben ändern? Soll ich deshalb schneller laufen oder tiefer atmen? Was sollte das denn ändern? Und wieso muss ich in diesem Wissen mehr oder intensiver oder anders leben, als es eigentlich mein Wunsch zu leben ist? Richtig, mir fällt auch kein wirklicher Grund ein.

Der Tod ist einfach ein Wichtigtuer. Wenngleich ich ihm nicht Unrecht zufügen möchte. Denn im eigentlichen Sinn sind nur wir es, die ihn zu diesem Wichtigtuer machen. Er selbst ist ganz neutral und einfach und erhebt diesen Anspruch auf seine Bedeutung für sich selber nicht.

Deshalb liegt es ganz allein an Ihnen, welchen Platz in ihrem Leben Sie dem Tod zuordnen möchten.

Lassen Sie ihn einfach dort, wo er sich befindet, als Endpunkt ihres Lebens und gut. Und auch dafür hat er denn keine Bedeutung, weil danach ja ihre Leben eben beendet ist.

Und eine solche Sicht kann unter Umständen auch sehr trostreich sein. Denn mitunter beendet Tod ja auch langjährige Qualen oder unerträgliche Schmerzen.

Aber außerhalb davon kann man sich auch Zeit nehmen für sein Leben. Und sollte danach dann etwas wie auch immer Neues auf Sie warten, nun denn, sei's drum. Dann werden Sie sich darum kümmern müssen, sozusagen dann aber vor Ort. Vorbereiten kann man sich ja nicht, wenn man nicht wirklich weiß, was einen dort erwartet.

Sie können ihn natürlich auch gerne hin und wieder einmal betrachten und im Kontrast dazu ein ereignisreiches und lebendiges und bekömmliches Leben gestalten. Und in diesem Sinn kann Kontrast auch sehr belebend sein.

Warum sollte er beklemmend oder Angst einflößend sein? Er ist ja nicht wirklich irgendetwas. Manchen Menschen, die des Lebens müde sind oder unter starken Schmerzen leiden, mag er ja auch willkommen sein. Aber den Gevatter selbst muss man dafür gar nicht mögen, denn er ist nur ein Wunschbild für das Ende von Anstrengung und Qualen in solchen Fällen.

Mit dem eigentlichen Leben hat er nichts zu schaffen.

Lassen wir ihn doch einfach dort, wo er zu finden ist. Irgendwo dort, wo ihr Leben zu Ende ist. Aber bis dahin hat man ja auch im „Alter" noch zwanzig oder dreißig Jahre Zeit. Und dann sieht man ja.

Aber die Bedeutung des Todes sollte zunächst vielleicht in den Hintergrund treten, wo es doch so viel Wundervolles und Lebenswertes zu entdecken gibt.

Übersicht

Einige Perspektiven sind im Alter nicht umkehrbar und auch nicht zu umgehen:

- Die Jugend ist dahin und kommt nicht mehr.
- Unbekümmertheit ist Lebenserfahrung gewichen.
- Unbeschwertheit ist durch Wissen um die Grenzen ersetzt.
- Der Tod ist gewiss und ereilt nun einmal jeden.

Man mag darüber betrübt sein oder nicht, das verändert an diesen Unabänderlichkeiten nichts. Ihr Wert
und ihre Bedeutung messen sich aber vor allem daran ob
wir sie infrage stellen, ihnen stete Präsenz zubilligen und
gegen sie mit viel Anstrengung aber ohne jedes Ergebnis
ankämpfen.

Das Zauberwort für ein freundliches Miteinander heißt:
Akzeptanz! Ist nicht zu ändern, ist nun einmal so.

Weiterführende Literatur

Michael Abraham, Im Leben und im Sterben. Sei ohne Furcht.
   Wagner Verlag (2011)
Francesca Fremantie (Hrsg), Das Totenbuch der Tibeter,
   Heinrich Hugendubel Verlag (2008)
Christopher Kerr, Die Träume der Sterbenden: Warum wir den
   Tod nicht fürchten müssen, Integral Verlag (2020)
Caludia Bausewein, 99 Fragen an den Tod, Droemer Verlag
   (2020)
Christoph Rehmann-Sutter, Was uns der Tod bedeutet, Kultur-
   verlag Kadmos (2019)
Clemens Tesch-Römer, Alter und Altern, Landeszentrale für
   politische Bildung (2011)

Ausblick

Sie erinnern sich noch an unsere anfänglichen Versuche, das „Alter" in eine stimmige und wirklich passende Definition zu zwingen und daran, dass wir bei diesem Versuch ziemlich kläglich gescheitert sind?

Am Ende schien mir dort noch die Aussage „Man ist so alt, wie man sich fühlt" zwar sehr schwammig aber immerhin richtungsweisend zu sein.

Diesen Satz müsste man zunächst in jedem Fall ergänzen mit „..und wie man lebt"

Denn das Fühlen allein ist etwas so wie „Wollen ohne Tun". Dennoch ist es die Grundlage für jedwedes Handeln.

Und dieses Handeln beginnt im Wissen um die neue Lebensphase „Alter" zuerst einmal mit der Kenntnisnahme, dass sich bereits seit einiger Zeit im eigenen Leben etwas verändert hat, und das nun auch konsequenterweise Folgen hat. Worum es sich dabei handeln kann, haben wir ja ausführlich gemeinsam betrachten können.

© Der/die Autor(en), exklusiv lizenziert durch Springer-Verlag GmbH, DE, ein Teil von Springer Nature 2021
W. Blohm, *Das Alter – Impulse für die bessere Hälfte*,
https://doi.org/10.1007/978-3-662-63322-9_7

Und bei allem Handeln, dem Treffen von Entscheidungen oder dem Abschiednehmen oder Neubeginn steht an allererster Stelle nach der Kenntnisnahme nun die Akzeptanz.

Mit dem Gefühl, dass jetzt die Lebensphase „Alter" Einzug hält, setzt bei manchen Menschen so etwas wie ein Fluchtreflex ein, wie man das wohl nennen könnte.

Man stürzt sich vielleicht Hals über Kopf in eine Beziehung, nicht selten unglücklicherweise auch noch zu einem deutlich jüngeren Beziehungspartner. Das ist dann schon die beste Anlage, um ein Scheitern zu gewährleisten, und weiteres inneres Unheil heraufzubeschwören. Denn damit ist ja nicht jene Entscheidung gemeint, die im Vortext als Gewinn bringend und stimmig beschrieben worden ist. Nein, es ist ein überhasteter, angstvoller Schritt mit dem Ziel einen Beweis für sich selbst und andere zu liefern, dass man noch liebenswert und in diesem Sinne jung geblieben ist.

Mitunter führt das auch zu absurden Käufen eines Motorrades oder eines Segelbootes. Auch das eben nicht als sehr bekömmliche Entscheidung, etwas lange Begehrtes und Gewünschtes endlich in die Wirklichkeit umzusetzen, sondern als Panikkauf, und um Gottes Willen nicht zu versäumen, was zur Jugend noch dazu gehören könnte.

Milde Form der Fluchtversuche sind dann ein jugendliches neues Outfit oder das Wachsenlassen vom Haupthaar und das Einfärben desselben erneut in blond.

Worum ich Sie in aller Bescheidenheit aber auch mit allem Nachdruck bitten möchte: Haben Sie bitte Geduld, nehmen Sie sich bitte Zeit.

Denn es beginnt ja ein langer Abschnitt in ihrem Leben, den es zu gestalten gilt.

Dazu gehört ja zunächst einmal die eine oder andere elementare Umstellung, wie wir zusammen schon erfahren konnten.

Die möglichen Schritte dann haben wir auch bereits betrachten können.

Aber zunächst braucht das alles etwas Zeit, damit zu einem späteren Zeitpunkt dann die Weichen auch bekömmlich und stimmig gestellt werden können. Und um dafür eine sichere Orientierung zu finden, benötigt man nun einmal Klarheit, um sich innerlich zu sortieren und dann gleichsam angemessen aufzustellen.

Und falls Sie dabei Hilfe benötigen, weil ihnen vielleicht alles zu unübersichtlich wird, buchen Sie einfach zwei drei Stunden bei einem guten Therapeuten oder bei einem Alltagscoach. Mitunter ist es verblüffend, wie hilfreich und wohltuend eine Außenperspektive ist von einer Person, die die Dinge einmal aus einem anderen Augenwinkle betrachtet.

Sie sind ja alles andere als krank bei dem Übergang in die Lebensphase „Alter", aber Klarheit und Orientierungshilfen sind in jeder Lebensphase manchmal von Hilfe.

Es ist nicht einfach, dafür eine Zeitspanne festzulegen, aber grundsätzlich wäre eine Übergangsphase „Geduld und Entwicklung" von einigen Monaten oder bis zu einem Jahr durchaus angemessen. Falls Sie sofort schon damit loslegen möchten, die nächsten Jahre ein wenig planerisch zu gestalten, weil es klare Perspektiven gibt: Lassen Sie sich nicht aufhalten, das ist dann genauso fein.

Machen Sie es dabei also wie sonst auch immer zu empfehlen ist: Trauen Sie sich und ihrer Wahrnehmung, das ist meistens stimmig und hat sich in all den Jahren ja auch nachweislich bewährt.

Wovor ich Sie auch noch warnen sollte?

Nun, ich habe es bereits erwähnt, wiederhole es aber gerne.

Das „Alter" ist trotz einiger Aufklärung immer noch mit einer Unzahl vor Irrtümern und Vorurteilen und Ängsten behaftet. Die haben wir zum großen Teil zusammen klären können. Aber ebenso fatal wäre es, nun vom „Alter" den paradiesischen Zustand schlechthin zu erwarten. Diese Lebensphase hat wirklich eine Vielzahl an sehr bekömmlichen Perspektiven, Möglichkeiten und Angeboten in den folgenden zwanzig oder dreißig Jahren zu entdecken. dennoch wird das „Alter" ebenso viel oder ebenso wenig Paradies sein, wie es ihr Leben vorher gewesen ist.

Denn Sie selbst bleiben ja Sie selbst mit allen Erfahrungen und allen Erlebnissen, die sie in den Vorjahren eingesammelt haben. Und die bleiben ja im Gepäck.

Daraus können Sie natürlich voll und umfänglich schöpfen in den nächsten Jahren, wenn das für Sie bekömmlich ist.

Aber die Möglichkeiten und Realitäten sind selbstverständlich, so wie vorher auch, in mancher Weise auch begrenzt. Man findet in den Medien immer wieder Bilder, Clips oder Berichte, von den glücklichen und durchgeknallten „Alten", die es nun allerorten so richtig krachen lassen. Das darf ja jeder halten, wie er möchte. Aber wer das vorher nicht für seinen Lebensstandard gewählt hat, wird das schwerlich auch in späteren Jahren tun. Es passt dann einfach eben nicht. Und das ist ja auch gut so. Denn aus einem Clown wird kein Seiltänzer, so wie umgekehrt natürlich auch nicht.

Es geht vielmehr um eine wunderbar stimmige, passgenaue und sehr lebenswerte Gestaltung der Lebensphase „Alter". Und sehr viele Perspektiven dazu konnten wir gemeinsam hier entdecken.

Aber Sie allein können wählen, was wirklich zu Ihnen passt. Niemand sonst ist dazu in der Lage.

Lassen Sie sich das Zepter oder das Ruder oder was auch immer nicht aus der Hand nehmen.

Schalten Sie in jedem Fall in den Modus „Aktivität".

Denn „Alter" ist so sehr viel mehr als „wie man sich fühlt". Es vor allem auch „was man tut".

Wer aktiv sein Leben in die Hand nimmt, neugierig auf neue Erfahrungen ist und seine Möglichkeiten und Grenzen dabei sieht, wird sich nur sehr selten so richtig „alt" fühlen, wenn damit schwach oder begrenzt gemeint ist.

Und geben Sie deshalb keinesfalls ein Gebiet aus ihrem Leben ab, das sie selbst betreuen oder verwalten können. Dabei ist es ganz egal, ob es das Rasenmähen ist, ob Bankgeschäfte zu erledigen sind, ob Urlaubsplanungen anstehen oder die Einkäufe erledigt werden.

Was Sie selbst können, machen Sie bitte auch selbst. Denn merkwürdigerweise findet man immer wieder in seinem Umfeld hilfsbereite und freundliche Menschen, die einem dieses oder jenes gerne abnehmen möchten. Das ist auch ganz wunderbar und belegt soziale Kompetenz und Empathie. Aber bitte nicht, bevor es wirklich so weit ist.

Denn im Bedarfsfall kann man ja gerne um Hilfe bitten, bei den Nachbarn, dem Postboten, dem Kaufmann oder privaten Hilfsdiensten.

Wer ohne Zwang oder Notwendigkeit Kompetenzen abgibt, wird sie dann sehr schnell auch nicht mehr haben. Und das wäre doch sicher ein Verlust.

Und natürlich ist man niemals zu „alt" dafür, einmal etwas gänzlich Neues zu probieren, unbekannte Welten im Kleinen wie im Großen zu erforschen, oder es sich einfach einmal auch richtig gut gehen zu lassen. Das geht nicht immer, aber immer öfter, wenn man seine Sinne und seine Augen offen dafür hält.

Übersicht

„Freiheit, Gleichheit, Brüderlichkeit" ist ja schon belegt.
   Aber wie wäre es mit „Freiheit, Lebensfreude und Aktivität".
   Das ließe sich doch prächtig leben!

Freiheit, Lebensfreude und Aktivität. (© Claudia Styrsky 2021)

Literatur

Markus Leser, Herausforderung Alter, W.Kohlhammer Verlag (2017)

Barbara YagaMierzwa, Lebensfreude im Alter, bitte!, Omnino Verlag (2016)

Jana Friedrichsen, Cool alt werden, Kindle (2014)

Norbert Bachl, Piero Lercher, Barbara Schober-Halper, Bewegt Altern, Springer Verlag (2020)

Magdalene Malwitz-Schütte (Hrsg), Lernen im Alter, WaxmannVerlag (1998)

Printed in the United States
by Baker & Taylor Publisher Services